Sergio Magris
Marcela Fissore
Nora Karpov

Desarrollo informático

Sergio Magris
Marcela Fissore
Nora Karpov

Desarrollo informático

El caso de las empresas informáticas de Villa María

PUBLICACIONES UNIVERSITARIAS ARGENTINAS

Impresión
Informacion bibliografica publicada por Deutsche Nationalbibliothek: La Deutsche Nationalbibliothek enumera esa publicacion en Deutsche Nationalbibliografie; datos bibliograficos detallados estan disponibles en Internet en http://dnb.d-nb.de.
Los demás nombres de marcas y nombres de productos mencionados en este libro están sujetos a la marca registrada o la protección de patentes y son marcas comerciales o marcas comerciales registradas de sus respectivos propietarios. El uso de nombres de marcas, nombres de productos, nombres comunes, nombres comerciales, descripciones de productos, etc incluso sin una marca particular en estos publicaciones, de ninguna manera debe interpretarse en el sentido de que estos nombres pueden ser considerados ilimitados en materia de marcas y legislación de protección de marcas, y por lo tanto ser utilizados por cualquier persona.

Imagen de portada: www.ingimage.com

Editor: PUBLICACIONES UNIVERSITARIAS ARGENTINAS es una marca comercial de
Südwestdeutscher Verlag für Hochschulschriften GmbH & Co. KG
Heinrich-Böcking-Str. 6-8, 66121 Saarbrücken, Alemania
Teléfono +49 681 3720-271-1, Fax +49 681 3720-271-0
Correo Electronico: info@svh-verlag.de

Publicado en Alemania
Schaltungsdienst Lange o.H.G., Berlin, Books on Demand GmbH, Norderstedt,
Reha GmbH, Saarbrücken, Amazon Distribution GmbH, Leipzig
ISBN: 978-3-8454-6003-1

Imprint (only for USA, GB)
Bibliographic information published by the Deutsche Nationalbibliothek: The Deutsche Nationalbibliothek lists this publication in the Deutsche Nationalbibliografie; detailed bibliographic data are available in the Internet at http://dnb.d-nb.de.
Any brand names and product names mentioned in this book are subject to trademark, brand or patent protection and are trademarks or registered trademarks of their respective holders. The use of brand names, product names, common names, trade names, product descriptions etc. even without a particular marking in this works is in no way to be construed to mean that such names may be regarded as unrestricted in respect of trademark and brand protection legislation and could thus be used by anyone.

Cover image: www.ingimage.com

Publisher: PUBLICACIONES UNIVERSITARIAS ARGENTINAS
is an imprint of the publishing house
Südwestdeutscher Verlag für Hochschulschriften GmbH & Co. KG
Heinrich-Böcking-Str. 6-8, 66121 Saarbrücken, Germany
Phone +49 681 3720-271-1, Fax +49 681 3720-271-0
Email: info@svh-verlag.de

Printed in the U.S.A.
Printed in the U.K. by (see last page)
ISBN: 978-3-8454-6003-1

Copyright © 2011 by the author and Südwestdeutscher Verlag für Hochschulschriften GmbH & Co. KG and licensors
All rights reserved. Saarbrücken 2011

DESARROLLO INFORMÁTICO.
EL CASO DE LAS EMPRESAS DE INFORMÁTICA
DE VILLA MARÍA

Coordinador

Sergio V. Magris

Marcela Fissore

Nora Karpow

DESARROLLO INFORMÁTICO.
EL CASO DE LAS EMPRESAS DE INFORMÁTICA
DE VILLA MARÍA

Equipo de Investigación

Director:
Sergio V. Magris
Co-director:
Marcela Fissore

Integrantes del Equipo:
Laura Prato
Gabriela Ribero
Federico Fioroni
Andrea Dalerba
María Elena Vezzaro
Nora Karpow
Marina Marzioni

ÍNDICE

Introducción	11
La industria de software y servicios informáticos	13
El mercado nacional e internacional de software y servicios informáticos	35
Hipótesis de trabajo	43
Entrevistas	43
Encuestas: Análisis estadístico de los resultados obtenidos	51
Conclusiones	77
Bibliografía	79
Anexo	81

AGRADECIMIENTOS

A la Ing. Graciela Guerrero por la contribución al Proyecto en el análisis estadístico de los datos obtenidos de las encuestas.

A la Prof. Andrea Mattar por la corrección gramatical.

Introducción

En los últimos años se han producido cambios muy significativos a nivel económico, social y cultural, los que han tenido como grandes protagonistas a las tecnologías de la información y de la comunicación. No hay dudas de la penetración de estas tecnologías y de su sostenido crecimiento, así como tampoco de su impacto en la productividad de algunos países. Los más desarrollados son los que más producen y consumen software, hardware y servicios informáticos, aunque también varios aún en desarrollo han podido penetrar con éxito en el sector.

En nuestro país, las empresas que más desarrollo han adquirido se sitúan en las zonas más productivas (centro-sur del país), en sus ciudades más importantes. En nuestra ciudad en particular, en los últimos 10 años se ha incrementado el número de empresas pequeñas y existen algunas pocas que se pueden considerar medianas.

De acuerdo a información obtenida a raíz de los vínculos de las instituciones educativas participantes del proyecto (U.N.V.M. e Instituto Leibnitz) con dichas empresas, suponemos que, sobre todo las más pequeñas, sobreviven atendiendo demandas dispersas, lo que les dificultaría encontrar nichos sustentables de especialización. Las pocas posibilidades de evolución y de mejoras remunerativas producirían, además, una importante migración de recursos humanos.

Pero en este campo aún no disponemos de datos fehacientes y concretos que nos permitan afirmar con certeza lo antes expuesto. Por ello es que una investigación sobre el tema nos va a permitir conocer más profundamente la realidad del sector informático en la ciudad de Villa María.

Por lo tanto, nos planteamos "conocer el estado actual de la situación de las empresas informáticas (hardware, software y servicios informáticos que ofrecen, necesidades de capacitación, demandas que reciben de las empresas del medio) en la ciudad de Villa María".

Nuestros objetivos se orientaron a

- Disponer de información actualizada sobre las características del software, hardware y servicios informáticos que ofrecen las empresas de informática de la ciudad de Villa María.

- Determinar cuáles son las demandas que reciben de las empresas e industrias del medio.

- Establecer la relación existente entre la formación de los recursos humanos de las empresas y las demandas que receptan.

- Conocer las necesidades de capacitación y desarrollo de la empresa tanto para su situación actual como para el futuro mediato.

Capítulo 1
La Industria de Software y Servicios Informáticos

En este capítulo se presentan las características básicas de las empresas informáticas y más específicamente de las que corresponden al sector de software y servicios informáticos (SSI). Esta caracterización resulta importante para enmarcar y comprender mejor los hallazgos del trabajo de campo realizado en Villa María, así como para estar en condiciones de realizar un análisis más profundo respecto de los obstáculos y potencialidades para el desarrollo de este sector.

En la primera sección, se define al sector informático. Se presentan sus principales características económicas, se hace referencia a la dinámica innovadora dentro del sector y se analizan las modalidades de competencia y el tipo de agentes productivos que operan en los distintos segmentos de mercado que lo componen.

En la segunda sección, se introducen los datos básicos sobre el mercado internacional de SSI y luego se describen en particular las experiencias de los países que realizaron una entrada "tardía" al sector.

Estructura Dinámica Tecno-Productiva y Formas De Competencia.

Definiciones Básicas. Definición de Datos
Son un conjunto de símbolos que representan formalmente a objetos (materia prima, maquinaria, etc.) y acontecimientos (compras, pagos, etc.), así como a sus correspondientes atributos y características. La mayor parte de los datos que circulan por las organizaciones se generan en el continuo procesamiento de todos los acontecimientos o transacciones que en ella se realizan.[1]

---
[1] VOLPENTESTA, J., Sistemas administrativos y sistemas de información, Buenos Aires, Osmar D. Buyatti, 2004.

Definición de Información

Es un conjunto de datos procesados en forma significativa para el receptor, con valor real y perceptible para decisiones presentes y futuras.[2]

La relación que existe entre los datos y la información pasa por una etapa intermedia de transformación, que procesa los datos agregándoles utilidad, finalidad y significado para transformarlos en información. Nada por sí mismo puede ser considerado información porque lo que puede ser información en una determinada situación, en otra diferente, puede ser dato.

La información y las nuevas tecnologías que la soportan aparecen como un nuevo factor productivo que se suma a los factores tradicionales: trabajo y capital, dando lugar a un nuevo escenario en el que la información y el conocimiento son básicos para las empresas.

Al conjunto integrado de procedimientos que se necesitan para desarrollar las actividades empresariales básicas generando información para el control de los resultados conseguidos, se lo conoce como *sistema administrativo*. Uno de sus componentes principales es el *sistema de información*[3], cuya función básica es procesar los datos para que se conviertan en información.

En la actualidad, los sistemas de información han adquirido una dimensión estratégica en las empresas del nuevo milenio y han dejado de ser considerados una simple herramienta para automatizar procesos operativos para convertirse en una pieza clave en el momento de formular la estrategia empresarial, para su implantación y para realizar el control de la gestión.

Es por ello que el estudio de los sistemas de información, en relativamente poco tiempo, se ha consolidado como una disciplina por sí misma, constituida por una serie de conceptos, herramientas y técnicas utilizadas para llevar a cabo su planificación, análisis, diseño e implementación.

Definiciones de informática

La *informática* es una ciencia que estudia el tratamiento automático de la información en computadoras, dispositivos electrónicos y sistemas informáticos. Dicha palabra se creó en Francia en 1962, y es el resultado

---

[2] Ibídem
[3] Ibídem

de la unión de las palabras INFORmación y autoMÁTICA. En otros casos, se la describe como una disciplina que se dedica a estudiar la información y sus componentes, así como la tecnología para manejarla, conservarla y utilizarla de manera eficiente y económica, para facilitar su acceso a otras personas y producir mayores beneficios.

Otra definición[4] se refiere a la Informática como la encargada de estudiar todo lo relacionado con las computadoras, que incluye desde los aspectos de su arquitectura y fabricación hasta los aspectos referidos a la organización y almacenamiento de la información. Incluso comprende las cuestiones relacionadas con la robótica y la inteligencia artificial.

Definición de organización y empresa

Una organización se define como un sistema social compuesto por individuos o grupos de ellos que, teniendo valores compartidos, se interrelacionan y utilizan recursos con los que desarrollan actividades tendientes al logro de objetivos comunes. En la actualidad, vivimos en una sociedad de organizaciones y por lo tanto, resulta imposible no pertenecer, interactuar o vincularse de alguna manera con ellas. Además, las organizaciones son una creación artificial del hombre; por consiguiente, están diseñadas intencionalmente para cumplir con fines específicos y determinados, por lapsos de tiempo considerables y dirigidas por su propio sistema de administración. La *empresa* es una clase especial de organización.

En una *empresa de informática*, se desarrolla y combina una amplia y variada gama de actividades. Influyen, en esta combinación, la naturaleza tecnológica del sector así como las estrategias propias de las empresas. Podríamos considerarlas incluidas en tres sectores fundamentales: software, hardware y servicios informáticos.

Software: Abarca el desarrollo y comercialización de sistemas informáticos de distintos tipos y los servicios relacionados a los mismos, como instalación, mantenimiento, capacitación, etc.

Hardware: Incluye la fabricación y armado de computadoras u otros dispositivos electrónicos y su comercialización.

Servicios Informáticos: incluyen la instalación y mantenimiento del software no producido por la empresa, reparación y mantenimiento del hardware,

---

[4] Por Analía Lanzillotta en: http://www.mastermagazine.info/termino/5368.php

instalación y configuración de redes con distintas tecnologías, servicios relacionados con Internet y correo electrónico y de telecomunicaciones, entre otros.

En cuanto al medio local, se puede decir que la mayoría de las empresas que integran este rubro están orientadas a la producción de software. Pero, si bien el objetivo principal de las mismas es el desarrollo y comercialización de sistemas informáticos, y también la prestación de servicios relacionados al producto ofrecido, en algunos casos, también ofrecen otros servicios que son complementarios, como la reparación y venta de hardware, venta de telefonía u otros, que permite a las empresas tener una fuente de ingresos secundaria.

Más allá de los debates acerca del verdadero alcance del impacto de las Tecnologías de la Información (TI) sobre el resto de la economía, no hay dudas respecto de su creciente penetración en todos los ámbitos de la sociedad, así como sobre el hecho de que el sector de TI es uno de los que más rápidamente ha venido creciendo en la economía mundial en los últimos años; tendencia que, en principio, continuaría observándose en los próximos.

No es sencillo dar con una definición precisa de lo que está comprendido dentro de la industria del software, en parte por la naturaleza intangible de sus productos, y en parte por estar sometida a un acelerado y continuo proceso de cambio tecnológico. De todos modos, la definición propuesta por la OECD[5], que es similar a la empleada por la ISO (*International Standardisation Organisation*) y la WIPO (*World Intellectual Property Organisation*), ofrece un buen punto de partida. Dicha organización entiende por software a la *"producción de un conjunto estructurado de instrucciones, procedimientos, programas, reglas y documentación contenida en distintos tipos de soporte físico (cinta, discos, circuitos eléctricos, etc.) con el objetivo de hacer posible el uso de equipos de procesamiento electrónico de datos"*.

La industria de software es, entonces, una actividad relacionada con la codificación del conocimiento y la información, siendo sus entradas (*inputs*) y salidas (*outputs*) propiamente dichos virtualmente inmateriales[6]. Según la forma en que se proveen, dichas salidas pueden considerarse como *productos* o *servicios*. Si bien varios autores señalan que no es posible trazar una delimitación precisa entre las dos categorías, y muchas de las empresas del sector ofrecen una combinación de ambas, hay algunos rasgos diferenciales que vale la pena destacar.

---

[5] Organización para la Cooperación y el Desarrollo Económico, 1985
[6] TORRISI, S., *Industrial Organization and Innovation. An International study of the software industry*, Cheltenham, Edward Elgar, 1998.

Una diferencia importante es que los ingresos generados por el desarrollo de productos de software provienen, mayoritariamente, de la venta de licencias para su uso dentro de una organización o a nivel individual. En algunos casos, la firma desarrolladora provee algún tipo de servicio asociado al software (actualización de las versiones, soporte técnico, mantenimiento, etc.) que puede estar incluido dentro del contrato de licencia o comercializarse de manera independiente.

En cambio, los ingresos generados por servicios provienen de actividades tan diversas como el diseño y desarrollo de soluciones a medida, la implementación y adaptación de productos de terceros, los servicios de consultoría, capacitación, instalación y mantenimiento de productos de software, etc. El número de licencias otorgadas podría ser una medida de desempeño para una empresa de productos, mientras que en el caso de una empresa de servicios la cantidad de horas de implementación asociadas a cada proyecto sería el indicador más relevante.

Siguiendo a Hoch y otros (1999), es posible abrir el segmento de productos de software en dos grandes grupos: soluciones empresariales y productos empaquetados de mercado masivo[7]. La distinción entre ambos grupos va más allá del mercado al cual se dirigen (en este sentido, un procesador de texto, por ejemplo, puede apuntar tanto al mercado empresarial como al hogareño). Una diferencia sustancial entre un producto de mercado masivo y una solución empresarial radica en que esta última siempre exige, en mayor o menor medida, dependiendo de su complejidad, algún grado de personalización o adaptación a los requerimientos específicos de la organización en la cual va a ser implementada. En este último caso, la "puesta en marcha" de la aplicación (es decir, su instalación y los ajustes necesarios para su correcto funcionamiento) suele implicar una inversión importante en términos de tiempo y dinero.

Clasificaciones de Software

Hay distintas clasificaciones de los tipos de software.

Dependiendo de la finalidad:

- Software de sistema
- Software de aplicación

---

[7] HOCH, D., ROEDING, C., PURKERT, G. y LINDNER, S., *Secrets of Software Success. Managements Insights from 100 Software Firms around the world*, Boston, Harvard Business School Press, 1999.

El software de sistema es el conjunto de programas que administra los recursos de la computadora.

El software de sistema que administra y controla las actividades de la computadora, se denomina *sistema operativo* (decide qué recursos de la computadora se usarán, qué programas se ejecutarán y el orden en que se efectuarán las actividades). Otros ejemplos de software de sistemas son los programas de traducción de lenguajes de computadora (compiladores/intérpretes) y los programas utilitarios.

Ejemplos de sistemas operativos son WINDOWS (95, 98, XP), UNIX, LINUX, MS-DOS, etc. Los sistemas operativos son una base común para el software de aplicación. Aplicaciones como los procesadores de texto y los programas gráficos se escriben para un sistema operativo específico, no para la marca y modelo de cada computadora. Las aplicaciones se comunican con la computadora a través del sistema operativo. Por ese motivo, los programas de Macintosh no se pueden ejecutar en una computadora que ejecute directamente sistema operativo Windows y los programas desarrollados para Windows no se ejecutarán en una computadora que ejecute Unix puro. El sistema operativo realiza toda la comunicación del hardware para la aplicación.

El software de aplicación es el conjunto de programas que se escriben para los usuarios con el fin de aplicar la computadora a una tarea específica. Ciertas aplicaciones desarrolladas 'a medida' suelen ofrecer una gran potencia, ya que están exclusivamente diseñadas para resolver un problema específico. Otros, llamados paquetes integrados de software, ofrecen menos potencia pero a cambio incluyen varias aplicaciones, como un programa procesador de textos, de hoja de cálculo y de base de datos.

Los programas de aplicación se dividen en muchos tipos, entre los cuales se pueden nombrar:

1. Procesadores de texto: Microsoft Word, WordPerfect.

2. Hojas electrónicas o de cálculo: Lotus 1-2-3, Microsoft Excel.

3. Software para administración de base de datos: MySQL, Microsoft Access, MsSQL, dBase.

4. Comunicación de datos: Mozilla Firefox, MSN Explorer, Internet Explorer, Netscape Navigator, ICQ, AOL Instant Messenger, Opera.

5. Multimedia: XMMS, Mplayer, Windows Media Player, Winamp, RealPlayer, QuickTime, DVX.

6. Presentaciones: Microsoft Power Point, OpenOffice.org Impress, Corel Presentations, Windows Movie Maker.

7. Diseño gráfico: Corel Draw, Corel PHOTO-PAINT, Adobe Photoshop, Microsoft Photo Editor, Microsoft Paint, Microsoft Publisher, AutoCAD.

8. Compresión de archivos: WinZip, WinRar.

9. Antivirus

10. Lenguajes de Desarrollo: Los lenguajes de desarrollo o lenguajes de programación nos permiten crear aplicaciones para resolver problemas específicos de empresas o personas a través de la computadora. Un lenguaje de programación está formado por un conjunto de palabras (Instrucciones) y una serie de reglas para escribir adecuadamente estas palabras (Sintaxis) con la finalidad de que sean entendibles por la computadora.

Cabe recordar que un programa es un conjunto de instrucciones con secuencia lógica para realizar una tarea específica en la computadora.

Algunas compañías como Microsoft, Lotus, Sun Microsystems o Corel, entre otras, agrupan varios programas de distinta naturaleza para que formen un paquete que sea satisfactorio para las necesidades más apremiantes del usuario, como los siguientes casos:

1. **Microsoft Office**, que incluye: Microsoft Word, Microsoft Excel, Microsoft PowerPoint, Microsoft InfoPath, Microsoft Outlook, Microsoft Access, Microsoft Publisher, entre otros según la presentación (básica, estándar o profesional).

2. **OpenOffice.org**, que incluye: OpenOffice.org Writer, OpenOffice.org Calc, OpenOffice.org Impress, entre otros según la presentación (básica, estándar o profesional).

3. **Lotus SmartSuite**, que incluye: Lotus Word Pro (antes AmiPro), Lotus 1-2-3, Lotus Freelance Graphics, Lotus Organizer, entre otros según la presentación (básica, estándar o profesional).

Estos tipos de software están interrelacionados, el software de sistemas controla el acceso al hardware y el software de aplicación debe trabajar a través del software de sistemas para poder operar. Los usuarios finales trabajan primordialmente con software de aplicación.

Dependiendo de la licencia de uso:

El software se rige por licencias de uso, es decir que en ningún momento un usuario que compra un programa se convierte en su propietario, tan sólo adquiere el derecho de uso. Las condiciones (o licencias) bajo las cuales se permite el empleo del software son contratos suscritos entre los productores de software y los usuarios. En general, las licencias corresponden a derechos que se conceden a los usuarios, principalmente en el caso del software libre, y a restricciones de uso en el caso del software propietario.

Tipos de Software según su Licencia

Si bien cada programa viene acompañado de una licencia de uso particular, existen diversos aspectos comunes entre ellas, lo que hace posible su clasificación en:

- Software propietario
- Software Shareware
- Software de demostración o demo
- Software libre
- Software de dominio público
- Software freeware

Software propietario

En términos generales, el software propietario es software cerrado, porque el dueño del software controla su desarrollo y no divulga sus especificaciones.

El software propietario es el producido principalmente por las grandes empresas, tales como Microsoft. Antes de poder utilizar este tipo de software se debe pagar por él. Cuando se adquiere una licencia de uso de software propietario, normalmente se tiene derecho a utilizarlo en una sola computadora y a realizar una copia de respaldo. En este caso, la redistribución o copia para otros propósitos no está permitida.

Dentro del software propietario podemos distinguir distintos tipos de producto final:

Software estándar

Se refiere a los productos generados por una empresa de software para un mercado masivo, que se distribuyen, sin cambios, para todos los clientes, y que sólo realizan ligeras adaptaciones a los gustos del usuario o necesidades del cliente. Hablamos de productos como sistemas operativos (Windows, Linux, etc), paquetes ofimáticos (Microsoft Office, OpenOffice, etc) o soluciones software como contabilidad personal, álbum de fotos, entre otros.

En este tipo de productos, la empresa fabricante realiza un gran esfuerzo de desarrollo, pero una sola vez. A partir de entonces, adquieren importancia los procesos de producción y distribución en masa. La instalación y configuración suelen ser muy limitadas y sencillas y son generalmente realizadas por el propio usuario del software.

Este proceso productivo está centrado, pues, en la producción y distribución.

Software sujeto a parametrización

Otro tipo de productos son los que denominamos productos parametrizables.

Se trata de productos que, aunque tienen una sólida base de software generado durante la fase de investigación y desarrollo, realmente se completan en la fase final, considerando los requerimientos de cada cliente.

Podemos afirmar que este proceso productivo está centrado en la configuración y parametrización.

Desarrollos a medida

Otro tipo de proceso productivo proviene de las soluciones o desarrollos a medida. Se trata de un escenario habitual en grandes empresas que encargan un software ajustado completamente a sus necesidades. En estos casos, el software se realiza una sola vez para el cliente en cuestión, por lo que el prototipo generado durante la fase de investigación y desarrollo se convierte en el producto final.

Realmente, el proceso productivo se confunde, casi en su totalidad, con la actividad de investigación y desarrollo. Por ello, podemos decir que los procesos de producción y distribución casi no existen, puesto que no se realiza producción en masa. La instalación es tan personalizada como el mismo producto y la configuración y parametrización no suelen ser muy notables, ya que el propio producto software está fuertemente adaptado a las necesidades del cliente.

Estamos, por lo tanto, ante un proceso productivo centrado en la investigación y en el desarrollo.

Software shareware o de evaluación

Este tipo de software se diferencia del anterior por su forma de distribución y los resultados que produce. El software *shareware* se caracteriza porque es de libre distribución o copia, o sea que se puede usar, contando con el permiso del autor, durante un período limitado de tiempo. Después, si se desea continuar utilizándolo se debe pagar, aunque la obligación es únicamente de tipo moral, ya que los autores entregan los programas confiando en la honestidad de los usuarios. Este tipo de software es distribuido por autores individuales y pequeñas empresas que quieren dar a conocer sus productos.

Software de demostración o demo

No hay que confundir el software shareware con el software de demostración, ya que éstos últimos no son 100% funcionales, es decir que dejan de trabajar al cabo de cierto tiempo. El software de demostración o, como se acostumbra a llamarlo, "software demo", es similar al software shareware por la forma en que se distribuye, pero en esencia es sólo software propietario limitado, con fines netamente comerciales.

Software libre

El software libre es software que, para cualquier propósito, se puede usar, copiar, distribuir y modificar libremente; es decir, que incluye archivos fuentes. La denominación de software libre se debe a la Free Software Foundation (FSF), entidad que promueve el uso y desarrollo de software de este tipo.

Otro tipo de software de características muy similares a las de éste es el llamado *Open source* (software de código fuente abierto). En la actualidad, son dos tipos de software con características comunes (como el acceso al código fuente) pero con algunas diferencias conceptuales.

Software de dominio público

El software de dominio público (public domain software) es software libre que tiene como particularidad la ausencia de Copyright, es decir: es software libre sin derechos de autor.

Software freeware

El software *freeware* es aquel que se puede usar, copiar y distribuir libremente, pero que no incluye archivos fuentes. Para la FSF el software freeware no es software libre, aunque tampoco lo califica como semi-libre ni propietario.

En los últimos tiempos ha tomado nuevo impulso un segmento que no se ajusta estrictamente a ninguna de las categorías antes mencionadas, y es el software que viene incorporado en distintos tipos de maquinarias, equipos y dispositivos de consumo, conocido como *software insertado o embebido* (*embedded software*). El software insertado es un componente crucial en la mayoría de los dispositivos electrónicos desarrollados en base a nuevas tecnologías de componentes, incluyendo los productos de consumo diarios o el equipo altamente complejo de las telecomunicaciones y los usos industriales. Los sistemas insertados se diferencian del desarrollo regular del software en que realizan un sistema dedicado de funciones. La naturaleza dedicada en tiempo real del sistema conduce a un mayor grado de dependencia y a una mayor integración con el hardware. Sobre el principio de esta interrelación software-hardware es que se basa la producción de equipos electrónicos de nueva tecnología.

Registro del software

El software es producido por un responsable: el autor. Para que éste acceda a determinados beneficios deberá primero registrarlo.

Según la Cámara de Empresas de Software & Servicios Informáticos de la República Argentina CESSI (Ente Cooperador de la Dirección Nacional del Derecho de Autor - Ley 23.412)[8] *el registro de obras inéditas* (todas aquellas obras que no serán puestas a disposición del público) otorga fecha cierta a la obra y facilita al autor la prueba de los derechos intelectuales sobre su creación, si ésta fuera utilizada por otro. Por lo tanto, lo protege

---

[8] Extraído de: http://www.cessi.org.ar/documetacion/Instructivo_Registro_de_Propiedad_Intelectual.pdf

contra quien con posterioridad la explote sin su autorización o se apropie de ella mediante plagio, por ejemplo. El registro de la obra inédita debe renovarse periódicamente (cada 3 años y 30 días) y, una vez publicada la obra, debe registrarse como obra publicada.

La obra publicada (todas aquellas obras que serán puestas a disposición del público) adquiere fecha cierta de su existencia desde su misma publicación. Pero la falta de inscripción trae como consecuencia la suspensión del derecho del autor hasta el momento en que la efectúe, recuperando dichos derechos en el acto mismo de la inscripción, por el término y condiciones que correspondan, sin perjuicio de la validez de las reproducciones, ediciones, ejecuciones y toda otra publicación hecha durante el tiempo en que la obra no estuvo inscripta.

Quien no registra su obra de software **no** accede a determinados beneficios como: seguridad, prueba de autoría, elemento de comparación en supuestos de plagios y piratería, entre otros.

Calidad de sistemas informáticos

En la actualidad, la calidad se ha convertido en uno de los principales objetivos estratégicos de las organizaciones debido a que, cada vez más, su supervivencia depende de la calidad de los productos y servicios que ponen a disposición de los usuarios.[9]

Hay muchas definiciones de calidad; en las principales normas internacionales, la calidad se define como: *"el grado en el que un conjunto de características inherentes cumple con los requisitos"*[10]. Otra definición interesante es la proporcionada por ISO 8402: *"Conjunto de propiedades o características de un producto o servicio que le confieren aptitud para satisfacer unas necesidades expresadas o implícitas"*.

Vemos que la calidad no es un concepto absoluto, en general es posible considerarla como un *concepto multidimensional* (referida a muchas cualidades), sujeta a restricciones (por ej. depende del presupuesto disponible) y ligada a compromisos aceptables (por ej. plazos de entrega).[11] Además, no es ni totalmente subjetiva (porque ciertos

---

[9] PIATTINI, M., GARCÍA, F. y CABALLERO, I., *Calidad de sistemas informáticos*, México, Alfaomega, 2007.
[10] ISO, 2000a
[11] PIATTINI, M., CALVO, J., CERVERA MANZANO, J. y FERNÁNDEZ, L., *Análisis y diseño de aplicaciones informática de gestión. Una perspectiva de Ingeniería del software*, México,

aspectos pueden medirse), ni totalmente objetiva (existen cualidades cuya evaluación sólo puede ser subjetiva).

La Norma ISO 9001 y la Norma ISO 90003

Todos los requisitos de la norma ISO 9001 son genéricos y se pretende que sean aplicables a todas las organizaciones sin importar su tipo, tamaño y producto suministrado. La norma ISO/IEC 90003 proporciona una guía a las organizaciones para la aplicación de la ISO 9001 en la adquisición, suministro, desarrollo, operación y mantenimiento de software y sus servicios relacionados. Surge debido a que la ISO 9001 es excesivamente general.

El modelo de madurez de la capacidad (CMM)

Desde la década de los 80, el Instituto de Ingeniería del Software SEI (Software Engineering Institute) de la Universidad de Carnegie Mellon se ha centrado en proporcionar la base necesaria para mejorar el desarrollo del software considerando a las tareas de desarrollo del software como una serie de procesos que se pueden definir, medir y controlar. Como resultado se han obtenido modelos de referencia de la capacidad de los procesos y modelos de evaluación de dicha capacidad.

CMM es el modelo propuesto por el SEI como referencia para determinar la capacidad de los procesos software de una organización[12]. Es un modelo con la finalidad de:

Evaluar la madurez de los procesos de desarrollo de software en una organización.

Proponer un plan de mejora de los procesos de desarrollo de software de acuerdo a una serie de niveles.

La producción de software: principales características

Antes de comenzar con este apartado, cabe destacar un hecho algo sorprendente. Pese al rápido crecimiento del sector de software en todo el mundo, es relativamente escasa la producción académica dedicada al tema desde el punto de vista de la economía. Este problema también se extiende al campo de los datos y estadísticas. De todos modos, existe un pequeño

---

Alfaomega, 2004.
[12] SEI, 1995

conjunto de trabajos y fuentes a partir de las cuales es posible extraer una serie de elementos que permiten caracterizar las tendencias y características básicas del sector.

Con estas consideraciones en mente, cabe analizar en primer lugar cuáles son los rasgos básicos que caracterizan a la producción de software. Siguiendo a Bitzer, se pueden distinguir dos etapas básicas en el proceso de producción de software[13]:

Desarrollo: esta es la etapa realmente "creativa" del proceso productivo. Según el llamado "modelo en cascada" (*waterfall model*), el desarrollo de software involucra las siguientes etapas: conceptualización, análisis de requerimientos, diseño de alto nivel (estas tres son aquellas en las cuales se concentra la generación de las rentas innovadoras del sector), diseño de bajo nivel, codificación, testeo y soporte técnico. Se trata de una actividad intensiva en trabajo calificado y con requerimientos generalmente bajos en términos de capital físico.

Producción: consiste en la reproducción de los programas desarrollados en la fase previa en forma de soportes materiales -*diskettes*, CDs, etc.- (Al presente, con la difusión de Internet, esta etapa está perdiendo importancia relativa, ya que la venta de software se hace crecientemente a través de medios electrónicos). Esta fase es similar a cualquier otro proceso de producción manufacturera y usualmente resulta más intensiva que la etapa de desarrollo.

Generalmente, cuando se analiza la industria de software, el interés está concentrado en la primera de las fases descriptas, y en este trabajo se sigue el mismo criterio.

El desarrollo de software sigue siendo aún una actividad con características artesanales. Pese al avance que ha experimentado la llamada "ingeniería del software", todavía siguen subsistiendo problemas de calidad, confiabilidad, cumplimiento de tiempos y otros, en sus procesos de desarrollo. Esto ha llevado, entre otras cosas, a crear nuevos modelos para la producción de software distintos al de "cascada" (evolutivo, transformador, en espiral, etc.), nuevas técnicas y herramientas de programación (CASE, *Unified Modelling Language* –UML-, programación "orientada a objetos", etc.), y ha generado una tendencia al diseño y uso de módulos reutilizables

---

[13] BITZER, J., *The computer software industry in East and West: do Eastern European countries need a specific science and technology policy?*, Berlín, Deustches Institut for Wirtschaftsfurschung, 1997.

de software, y a emplear herramientas específicas para el adecuado *management* de los proyectos de software, así como también a introducir estándares de calidad y gestión propios de esta industria[14].

La producción de software es, según algunos autores, en sí misma una actividad innovadora, dado que se dirige a generar nuevos productos o nuevas formas de ejecutar tareas y funciones ya conocidas[15]. El grado de "originalidad" obviamente varía con el tipo de software producido y con las tecnologías utilizadas en su desarrollo.

En Estados Unidos, las universidades juegan un papel relativamente importante en el desarrollo de productos de software, lo cual se refleja no sólo en el hecho de que muchas firmas han sido fundadas por investigadores universitarios, sino también en los numerosos programas y lenguajes de programación que han sido resultado de la interacción entre las empresas y dichas instituciones. En contraste, en Europa el involucramiento de las universidades con el desarrollo de productos de software es mucho menor.[16]

En tanto, la subcontratación de las tareas de desarrollo de software, si bien existe, está sujeta a algunas limitaciones. En particular, aparece la posibilidad de que el subcontratista puede quedarse con parte o con todo el conocimiento adquirido en el desarrollo del programa o sistema en cuestión y convertirse en un potencial competidor. Asimismo, se ha argumentado que una división rígida del trabajo derivada de la subcontratación de tareas "rutinarias" puede tener efectos negativos sobre la *performance* innovadora, ya que la creación de software es una actividad en la cual la interdependencia entre las distintas fases del proceso productivo es mucho más compleja que en las ramas manufactureras tradicionales.[17]

De todos modos, considerando las posibilidades que ofrece en materia de flexibilidad y reducción de costos, es habitual que se tercericen ciertas fases del proceso de desarrollo, que son generalmente las de carácter más rutinario (diseño de bajo nivel, codificación, testeo, soporte técnico).

Estas consideraciones conducen al crucial tema de la protección de la

---

[14] Por ejemplo, el modelo CMM o el SPICE (Software Process Improvement and Capability Determination –impulsado por el International Committee on Software Engineering Standards y por el European Software Institute-), sin dejar de considerar que las normas ISO también son de aplicación para este sector.
[15] TORRISI, S., *Industrial Organization...*, Op. Cit.
[16] BITZER, J., *The computer software ...*, Op. Cit
[17] BITZER, J., *The computer software ...*, Op. Cit, TORRISI, S.; *Industrial Organization...*, Op. Cit.

propiedad intelectual en esta industria. En principio, se aplican aquí las consideraciones generales en cuanto a la necesidad de delinear un ambiente rico en incentivos para la innovación (mediante patentes, copyright, secreto comercial, etc.), pero, al mismo tiempo, debe garantizarse la difusión de las innovaciones para generar condiciones capaces de inducir los procesos innovadores.[18]

Ahora bien, en este sector el debate adquiere matices particulares. En primer lugar, existe el problema de la copia ilegal del software, que afecta especialmente al sector de productos empaquetados. El carácter intangible del software hace fácil la copia o uso ilegal de los programas por parte de los usuarios finales; al mismo tiempo, los problemas tradicionales derivados de la posibilidad de que las innovaciones sean apropiadas total o parcialmente por alguien distinto a su creador también tienen un lugar en esta industria.

La legislación vigente en los países desarrollados considera que los programas de software se encuentran protegidos bajo el concepto de derechos de autor. También se ha aceptado la posibilidad de que en ciertos casos sean patentados, siempre que se trate de innovaciones "no obvias".[19] Mientras que el objeto de las patentes es principalmente el de evitar la "copia" por parte de otros productores, los derechos de autor sirven básicamente para conseguir que los creadores de software obtengan una retribución por la venta o licenciamiento de sus productos en el mercado.

De todos modos, hay fuertes debates sobre el alcance que debería tener la protección legal al software, considerando la posibilidad de que un nivel de protección demasiado fuerte puede terminar deteriorando la capacidad innovadora del sector, al consolidar las posiciones monopólicas de aquellas firmas que han creado estándares de facto en diversos mercados, por ejemplo; o al restringir las posibilidades de realizar ingeniería reversa cuando ésta tiene fines tales como: producir nuevos bienes que compitan con el original, generar productos compatibles con el mismo, o tener acceso a elementos "no protegidos" contenidos en los programas patentados.[20]

---

[18] DAVID, P. y FORAY, D., "Accessing and Expanding the Science and Technology Knowledge Base", STI Review, No.16, 1995.

[19] COHEN, J. y LEMLEY, M., "Patent scope and innovation the software industry", *California Law Review*, Volumén 89, Nº1, enero de 2001.

[20] COHEN, J. y LEMLEY, M., *"Patent scope..."*, Op. Cit.

Estos debates se vinculan con el publicitado tema del software tipo *open source*, cuyos ejemplos más notorios son el sistema operativo Linux y el servidor web *Apache*. El proceso de innovación en el campo del *open source* tiende a tener características de aprendizaje colectivo a través de la interacción entre los usuarios de software, generando lo que ha sido llamado como una "cultura" alternativa en materia de desarrollo de software.

Los Clusters

> Un *cluster* puede definirse como "una concentración geográficamente delimitada de empresas similares, relacionadas o complementarias, con canales activos para las transacciones comerciales, la comunicación y el diálogo, que comparten infraestructura especializada, mercados laborales y servicios, y que enfrentan oportunidades y amenazas similares".[21]

Los clusters han jugado un rol destacado en el incremento del nivel de competitividad de muchos países, tanto desarrollados como en desarrollo. Muchos de esos países (y regiones dentro de los mismos) están adoptando este concepto para el diseño y la implementación de nuevos enfoques de política para la generación y el fortalecimiento de sistemas territoriales/sectoriales capaces de dinamizar la economía nacional o regional, insertarla en los mercados internacionales y generar oportunidades de empleo con niveles crecientes de calificación.

Caracterización Económica del Sector

Siguiendo la división propuesta anteriormente entre productos y servicios, podemos decir que la elaboración de productos se caracteriza por sus bajos o nulos costos marginales de producción. De hecho, el grueso de los costos de producción son fijos asociados al diseño, la codificación y las otras actividades antes definidas como pertenecientes a la etapa de "desarrollo" del software. Una vez generado el código fuente, su costo de replicación es mínimo y tiende a reducirse en la medida en que los medios de distribución tradicionales son reemplazados por la distribución electrónica vía Internet.

---

[21] Extraído de: *Libro Azul y Blanco – Plan Estratégico de SSI 2004-2014. Plan de Acción 2004 – 2007* – Publicado por el Ministerio de Economía y Producción, Secretaría de Industria, Comercio y de la Pequeña y Mediana Empresa en el marco del Foro de Software y Servicios Informáticos. En: http://www.cessi.org.ar/index.htm

En cambio, los gastos de comercialización suelen representar una proporción considerable de las ventas totales de las grandes compañías. Esta estructura de costos sugiere la presencia de rendimientos crecientes a escala, lo cual da lugar a una estructura de mercado altamente concentrada para el sector de productos de software. Esta tendencia se ve reforzada por el hecho de que el consumidor encuentra más provechoso adquirir un producto cuanto más generalizado se encuentre su uso.

Este fenómeno se explica, entre otras razones, porque:

- la gente que utiliza el mismo software tiene mayores facilidades para intercambiar información);
- existen complementariedades entre distintos productos de software (y también en relación al hardware) que hacen que a medida que una plataforma se generaliza aumente también la cantidad de aplicaciones disponibles para la misma;
- existen costos de aprendizaje que reducen los incentivos a cambiar de producto una vez que se ha obtenido cierta destreza y entrenamiento en el uso del mismo.

Sin embargo, habría que hacer dos salvedades al respecto:

i) existen casos en los que el líder fue desplazado por un competidor exitoso;

ii) si bien en varios segmentos (en particular cuando se trata de un producto orientado al mercado masivo) suele haber un único producto o plataforma dominante, al ser el software una industria en constante evolución, se crean continuamente oportunidades para que nuevas firmas puedan posicionarse en nichos o mercados específicos, o bien desarrollar soluciones basadas en productos de terceros. Dichas oportunidades se ven reforzadas por el hecho de que la industria de software no requiere de grandes inversiones en capital físico, sino que se trata de una industria intensiva en mano de obra calificada.

Ahora bien, dentro de la industria de software se puede realizar una clasificación basada en el grado de estandarización de los distintos productos, siendo dicho grado función del número de usuarios que pueden resolver sus problemas o necesidades con el mismo software.

En el mercado de productos estandarizados, los usuarios no tienen, a priori, ningún tipo de influencia sobre las características del software, si bien la empresa desarrolladora puede incorporar sugerencias de los usuarios o agregar funciones requeridas por los mismos en versiones posteriores del producto. Los riesgos de la producción de este tipo de software caen sobre el lado de la firma desarrolladora, la cual, si tiene éxito con su producto, puede amortizar los costos de desarrollo entre numerosos usuarios. Sin embargo, aún el software estandarizado requiere muchas veces importantes esfuerzos de adaptación individual para cada cliente que implican la realización de tareas de programación (servicios) a medida. Al mismo tiempo, los productos estandarizados difieren en su grado de "universalidad". Así, típicamente los programas de contabilidad, impositivos, u otros, son fuertemente dependientes de las normas vigentes en cada país y no pueden ser usados, sin adaptaciones importantes, en otros países.

Dentro del mercado de productos estandarizados cabe hacer otra distinción: entre el sector de productos dirigidos al mercado masivo y el de soluciones empresariales. En el primero, el factor clave es el número de licencias vendidas, en tanto que existe muy poca interacción directa entre proveedores y clientes –más allá de que los primeros ofrezcan eventualmente algún tipo de soporte técnico post venta. En contraste, los productos del segmento de soluciones empresariales siempre requieren, como se dijo antes, de algún grado de adaptación a las necesidades del cliente y suponen usualmente una importante interacción entre proveedores y usuarios.

¿Cuáles son los factores clave para competir en el mercado de productos estandarizados? Según Bitzer, los principales serían calidad, reputación, precio y compatibilidad con los programas más difundidos.[22]

En cambio, cuando se trata de productos de menor estandarización, el nivel de concentración y la intensidad de las barreras a la entrada caen. Se trata habitualmente de mercados menos transparentes, en los cuales las firmas locales pueden tener ventajas competitivas sobre los proveedores internacionales (mayor flexibilidad, contactos personales, conocimiento de la cultura, lenguaje, costumbres, leyes, etc.). Sin embargo, en el caso de las soluciones empresariales, por ejemplo, las grandes firmas tienden a preferir a los proveedores internacionales –esto se refuerza en el caso de empresas multinacionales, que requieren compatibilidad de sistemas entre sus distintas filiales.

---

[22] BITZER, J., *The computer software ...*, Op. Cit

Si nos referimos ahora al sector de servicios, lo primero a destacar es que, en contraste con lo dicho anteriormente sobre la elaboración de productos, los costos marginales que enfrentan las firmas son elevados. La experiencia y el conocimiento acumulados a raíz de la continua interacción con el usuario final, por otra parte, tienen un carácter altamente específico y difícilmente pueden transferirse a otro cliente. No obstante, el desarrollo de una aplicación a medida en ocasiones puede dar lugar a un producto relativamente estandarizado, capaz de satisfacer las necesidades de clientes con requerimientos similares.

También hay que tener en cuenta que cuando se trata de hacer desarrollos a medida, y a diferencia de lo que ocurre con los productos estandarizados, los riesgos de posibles sobrecostos, demoras o fallas en el desarrollo, por ejemplo, recaen usualmente en los clientes. Estos pueden quedar "atados" al proveedor original del software por los gastos incurridos en concepto de servicios de capacitación, actualización y corrección de fallas, ampliaciones y modificaciones, entre otros factores que suelen producirse como consecuencia de la instalación de un sistema determinado.

Estas características traen como consecuencia una estructura de mercado fragmentada en la que coexisten un grupo reducido de grandes empresas multinacionales capaces de ofrecer soluciones integradas y complejas – necesarias para clientes tales como bancos, compañías de seguro, sector público, etc.- con una gran cantidad de firmas más pequeñas focalizadas en los mercados locales.

¿Cuáles son los factores competitivos clave en este segmento? Reputación, calidad (en este caso, calidad supone, además del correcto funcionamiento del software desarrollado, las cuestiones antes mencionadas respecto de cumplimiento de especificaciones, tiempos, presupuesto, etc.), contactos personales y -cuando el cliente es una empresa o institución grande- posibilidad de ofrecer soluciones complejas; el precio también juega un papel crecientemente importante en este segmento.[23]

Finalmente, hay que considerar también que dentro del segmento de servicios se incluyen actividades que no implican el desarrollo de software o tareas de programación "a medida" para usuarios finales, sino tareas más rutinarias -tales como mantenimiento, por ejemplo- así como la subcontratación de ciertas etapas de la producción de software que no son consideradas "críticas" –tales como codificación o testeo-.

---

[23] BITZER, J., *The computer software ...*, Op. Cit

En resumen, las características antes señaladas parecerían indicar la presencia de fuertes barreras a la entrada en el sector de productos de software estandarizado (excepto probablemente en el segmento de entretenimiento), así como en el de soluciones empresariales y desarrollos a medida para grandes clientes. En cambio, las barreras serían menos importantes en el caso de productos de menor nivel de estandarización –programas de contabilidad, impositivos, etc.- y productos y servicios dirigidos a firmas pequeñas y medianas, así como en la provisión de servicios de tipo "rutinario" –mantenimiento, testeo, codificación, etc.- y subcontratación.

De todos modos, más allá de la existencia de diferentes tipos de barreras a la entrada en cada mercado, hasta el presente esta industria se ha caracterizado, al menos en los países desarrollados, por el constante surgimiento de nuevas empresas pequeñas y medianas con fuertes capacidades innovadoras, las cuales exploran nuevas ideas, aplicaciones y mercados, impulsando así a todo el sector.

Capítulo 2

El Mercado Nacional e Internacional de Software y Servicios Informáticos

El mercado de SSI: situación actual y perspectivas

El grueso del mercado de TI está en los países desarrollados, y en particular en los Estados Unidos (40% del mercado mundial de TI, 49% del mercado de software y 47% del mercado de servicios informáticos en 2001). Entre los países en desarrollo (que participan con el 5-6% del mercado global de SSI), son algunas naciones de América Latina (Brasil, México) y Asia (China, Corea, Taiwan, India, Hong Kong) los principales mercados. En 2001 la Argentina se ubicaba en el puesto 26 en este ranking, con alrededor del 0,3% del mercado mundial tanto de TI como de servicios informáticos y del 0,2% en software en 2001.[1]

El grueso de la producción y las exportaciones de software se concentran en los Estados Unidos, Japón y en los países más avanzados del continente europeo. Existen asimismo numerosos casos de países en desarrollo o de la periferia europea presentes en el sector de SSI a nivel mundial con una posición ya consolidada (Israel, India, Irlanda) o buscando posicionarse (Rusia, China, Filipinas). Cada uno de ellos presenta una estrategia bien definida (ya sea explícita o implícitamente) de inserción exportadora.

De la diversidad de las experiencias de los países de "ingreso tardío" al sector de SSI, surge que existen distintas estrategias alternativas de inserción, las cuales pueden diferir, por ejemplo, en términos de la mayor o menor orientación a los mercados de exportación, del énfasis en la venta de productos o servicios y del rol que juegan las firmas locales frente a las empresas multinacionales, entre otros factores.

---

[1] Plan Estratégico de SSI 2004-2014. Plan de Acción 2004 – 2007 – Ministerio de Economía y Producción, Secretaría de Industria, Comercio y de la Pequeña y Mediana Empresa. Fuente: http://www.cessi.org.ar/index.htm

Las experiencias de los países de ingreso tardío al sector de SSI muestran que el tipo de actividades con las cuales se inicia el desarrollo sectorial puede condicionar su progreso futuro. Así, el comenzar con actividades rutinarias (codificación y depuración, traducción, programación, etc.), hace que las fuentes de ventajas competitivas sean estrechas (y estén muy vinculadas al costo laboral) y tiendan a ser similares en los distintos países "seguidores", los cuales deben competir entre sí (vía precios) por acceder a un mismo mercado.

En tanto, el comercio de software entre los países de la OECD presenta dos rasgos destacables: su reducida participación en el total comerciado por dichos países y su carácter casi exclusivamente intra-regional.

La industria de SSI en Argentina

En los últimos años, Argentina ha presentado un importante y sostenido desarrollo del sector de SSI. Es destacable que la sanción de la Ley 25.856 de Declaración como Industria a la producción de Software y la Ley 25.922 de Promoción de la Industria del Software, han permitido dotar al sector de un marco normativo y referencial que no sólo le ha generado ventajas de orden impositivo, sino que lo han identificado como una de las áreas económicas más dinámicas y con mayor proyección del país. Se trata de una industria que está fuertemente concentrada en la Ciudad de Buenos Aires, pero también existen importantes conglomerados de empresas en el Conurbano Bonaerense, Rosario, Córdoba, Mendoza, Tandil, Mar del Plata y Bahía Blanca, entre otros. De todos modos, se pueden encontrar empresas de SSI en todas las provincias del país[2].

Este sector nace en los años '60 y recién a mediados de los '80 se producen los primeros diagnósticos sobre la situación de la actividad. Allí se advertía que, si bien predominaba claramente el uso de software importado, ya existía un sector de SSI con un cierto grado de desarrollo en la Argentina. Al menos 300 firmas operaban en SSI en aquella época. En este grupo, alrededor de unas 200 realizaban desarrollos de software, aunque no necesariamente para comercializarlos de forma separada (ya que en algunos casos dichos desarrollos iban "embebidos" en distintas clases de equipos). Cabe aclarar que estas estimaciones no incluían a las

---

[2] Fuente: Informe 2005-2006 a partir de la Encuesta estructural a PYMES de servicios a la producción – 2005, publicado por la Fundación Observatorio PYME en: http://www.agentia.unne.edu.ar/documentos/informe_software2005_2006.pdf

firmas e instituciones que realizaban software para uso propio ("autodesarrolladoras").

Mientras el software de base (sistemas operativos, por ejemplo) y los programas utilitarios eran de origen predominantemente extranjero, los programas de aplicación (usados en aquel momento esencialmente con fines administrativos, contables e impositivos) eran abastecidos en forma mayoritaria por firmas locales. La necesidad de contemplar aspectos idiosincrásicos de las normas contables e impositivas del país era el factor determinante de la presencia de oferta local en ese rubro de mercado.

En cuanto a servicios informáticos, por la misma época se había detectado la existencia de casi 300 firmas que realizaban tareas relacionadas con el procesamiento de datos. La mayoría de ellas eran pequeñas y se concentraban en temas tales como asesoramiento y consultoría de sistemas, desarrollo e instalación de software, procesamiento de datos, etc.

Tradicionalmente, los desarrolladores locales de productos de software se han concentrado en las áreas de contabilidad y gestión empresarial, en las cuales aprovechaban las ventajas derivadas de su mayor capacidad de adaptación a las necesidades "idiosincrasias" de los clientes domésticos y a las usualmente cambiantes normas contables e impositivas locales. Dichas firmas comercializaban aplicaciones a medida o bien productos con cierto grado de estandarización pero que pueden ser adaptados a los requerimientos particulares del usuario.

Sin embargo, también existe un conjunto más pequeño pero muy dinámico de emprendedores generalmente jóvenes, que se especializan en otros nichos de mercado apuntando a ofrecer productos innovadores tanto en el mercado local como en el extranjero.

Estructura actual de la Industria de Software y Servicios informáticos en Argentina

Según datos de la Cámara de Empresas de Software y Servicios Informáticos (CESSI), la industria de SSI está compuesta en Argentina por unas 1.600 empresas y contabiliza unas 1.000 PyMEs y una veintena de grandes corporaciones de porte internacional con una extendida red de partners locales.

Las medianas y grandes empresas tienen una edad superior a las pequeñas empresas y las unipersonales.

Estructura ocupacional real

Por el tipo de servicio que prestan, las empresas de informática cuentan con personal de instrucción más elevada que la que posee, por ejemplo, la industria manufacturera. Aproximadamente las tres cuartas partes de quienes trabajan en estas empresas poseen estudios de nivel superior (terciario o universitario). El 38% de la mano de obra empleada en el sector IT posee título universitario.

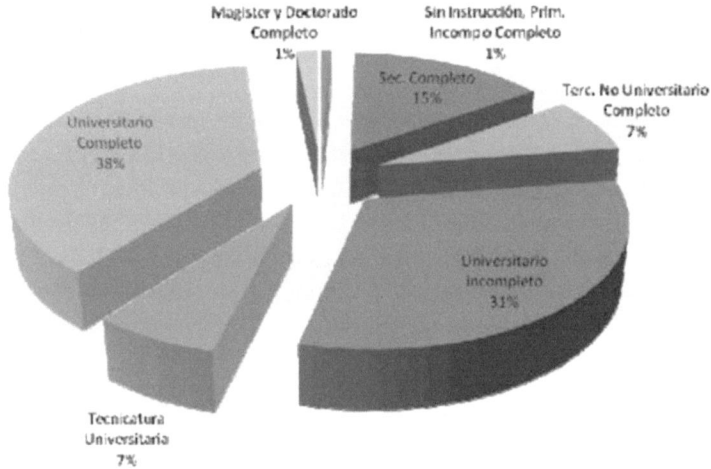

Fuente: OPSSI (Observatorio permanente de la Industria de Software y Servicios Informáticos)

Los Recursos Humanos

Los proveedores de servicios informáticos conforman una industria de gran valor agregado, que demanda empleo de elevada calificación. No obstante ello, la disponibilidad futura de mano de obra, activo principal para el desarrollo del sector tecnológico, es una de las principales restricciones que atenta contra el desarrollo del sector y es el tercer problema que más inquieta a las empresas[3].

---

[3] Fuente: Informe 2005-2006 Op. cit.

La problemática sobre los recursos humanos no abarca solamente las dificultades de captación de mano de obra calificada, sino también la retención de los que ya forman parte de la empresa. Ambos factores son consecuencia del mismo fenómeno de "calentamiento" del mercado laboral, donde existe una puja creciente entre los empleadores, por disputarse el escaso personal disponible lo que lleva a realizar constantes negociaciones con el personal que busca mejorar sus condiciones laborales.

La creciente demanda de recursos humanos constituye, a su vez, una oportunidad para el desarrollo profesional del país. Una de las vías para aumentar la cantidad de profesionales calificados es el incentivo a los adolescentes para que se inscriban en carreras informáticas de corto, mediano y largo plazo.

Desde el punto de vista cualitativo, los profesionales argentinos de SSI son muy bien apreciados a nivel internacional, debido a que resaltan su talento y creatividad.

Estas ventajas deben ser complementadas con habilidades vinculadas al desarrollo de negocios en forma sistemática y profesional, así como con un mayor fomento de la cultura emprendedora en los universitarios argentinos.

La formación de recursos humanos del más alto nivel (doctorados, etc.) es también un tema pendiente en la agenda, tanto para incrementar las capacidades de investigación como para mejorar la formación de los recursos humanos.

Finalmente, hay que señalar el hecho auspicioso de que existe ya una amplia base de carreras de grado y posgrado que forman personal apto para desempeñarse en el sector de SSI. El desafío es, por un lado, mejorar la calidad promedio de la formación que brindan dichas carreras y, por otro, redefinir los planes de estudio para que las capacidades adquiridas por los estudiantes sean más funcionales a los requerimientos que surjan de la propia evolución del sector de SSI[4].

Dificultad en la búsqueda de recursos humanos

La escasez de recursos humanos es un tema que preocupa a prácticamente todas las empresas del sector, desde las más grandes hasta las más

---

[4] Plan Estratégico de SSI 2004-2014. Op. cit.

pequeñas, puesto que, en primer lugar, limita sus posibilidades de expansión y, en segundo lugar, porque el "recalentamiento" del mercado de profesionales informáticos eleva los costos laborales y extra laborales generándoles una pérdida de rentabilidad.

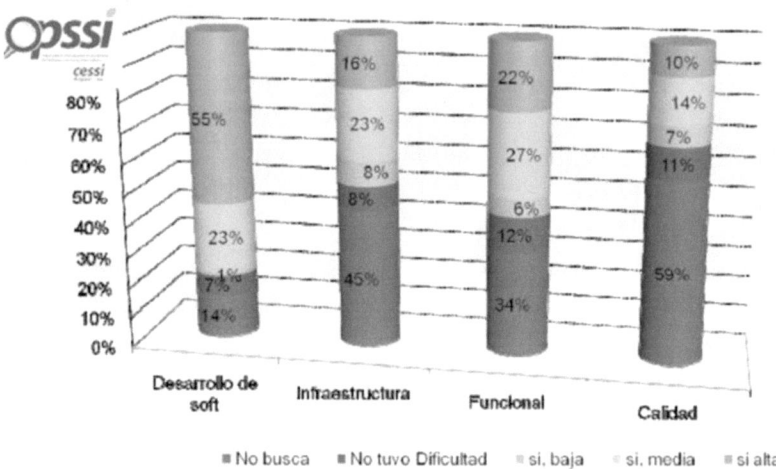

Fuente: OPSSI (Observatorio permanente de la Industria de Software y Servicios Informáticos)

La escasa oferta de trabajadores calificados, combinada con el dinamismo que está teniendo el sector, da lugar a la aparición de rotaciones importantes en el mercado de trabajo. Esta rotación, si bien a nivel individual puede promover trayectorias laborales calificadoras, desde el punto de vista de la industria genera mayores costos salariales y extra-salariales (reclutamiento, selección y entrenamiento). Por otra parte, la elevada rotación tiende a desalentar la realización de actividades de entrenamiento laboral.

Recientemente, han comenzado a aparecer acuerdos tácitos de conducta entre algunas empresas con el fin de morigerar la rotación –aunque la efectividad de estos mecanismos es dudosa. Una consecuencia reciente de este fenómeno es el gradual "blanqueo" de trabajadores dentro del sector, es decir, la incorporación de trabajadores a la plantilla de personal en relación de dependencia.

Por último, cabe aclarar que si bien la escasez de recursos humanos es importante, el problema central parece estar en Buenos Aires y Córdoba y, en menor medida, en Rosario; en tanto que en otras regiones el exceso de demanda no es aún tan notorio, aunque es de esperar que, dada la movilidad de los factores –tanto del capital como del trabajo-, no pase mucho tiempo para que ello ocurra.

Hipótesis de Trabajo

Suponemos que las empresas de informática de la ciudad de Villa María ofrecen servicios limitados con respecto a las necesidades actuales de los clientes.

Además, el software que desarrollan está orientado, en su mayoría, al área administrativo-contable de las empresas.

Entrevistas

Recolección de Datos

Se decidió comenzar la recolección de datos utilizando como técnica la entrevista. El objetivo de la realización de las entrevistas fue captar la información necesaria que sirviera de materia prima para la elaboración de las preguntas de las encuestas[1]. Por esta razón no se realizó un registro textual[2] de las respuestas de los entrevistados sino que los entrevistadores hicieron referencia a los dichos de los mismos.

Para determinar cuál iba a ser la Muestra Intencional sobre la que se iban a efectuar las entrevistas, se realizó una selección por cuotas en la que se tuvieron en cuenta dos atributos de la población:

- El tamaño de las empresas (de más de 10 empleados, de menos de 10 empleados y profesionales independientes)
- El mercado hacia el que se orientan el/los software que desarrollan

De esta manera, surgió una muestra constituida por siete casos:

a) Dos empresas con más de 10 empleados con software orientado hacia un mercado nacional. Son las empresas denominadas "A" en las entrevistas que se adjuntan.

---

[1] Momento en que se inicia el procedimiento estadístico de la lógica cuantitativa.
[2] Necesario para el análisis de discurso.

b) Tres empresas con menos de 10 empleados con software orientado hacia distintos mercados (ej: sector agrario, área de sistemas de distintas empresas). Son las empresas denominadas "B" en las entrevistas que se adjuntan.

c) Dos profesionales independientes con software orientado hacia distintos mercados

Preguntas de la Entrevista

Las preguntas base de la entrevista fueron confeccionadas por miembros del equipo de investigación con formación específica en informática y vinculados a empresas y a la producción de software.

Contenido de las entrevistas

Datos del entrevistado:

Edad y sexo

Cargo que ocupa en la empresa

Formación que posee (Nivel terciario, universitario, postgrado)

Funciones que desempeña

Antigüedad en la empresa

1) ¿Podría describir la estructura de la empresa, detallando las funciones del personal relacionado con informática?

2) ¿Podría describir las distintas actividades que desarrolla la empresa? (Producción de software, venta de hardware, servicios informáticos, etc.)

3) ¿En qué lenguaje desarrolla el/los software?

4) ¿Han observado carencias con respecto a la capacitación del personal en informática? Si es así, ¿cómo lo han resuelto?

5) ¿Hacia qué sector se orienta/n el/los software que desarrolla/n?

6) ¿Cuál es la procedencia de sus clientes? (lugar de origen)

ANÁLISIS DE LOS DATOS OBTENIDOS EN LAS ENTREVISTAS

Aparecieron las siguientes categorías de análisis:

- Distintas concepciones acerca de lo que significa brindar "servicios informáticos"

Uno de los entrevistados (Empresa "B") sostuvo que brindan varios servicios:

- Servicio técnico e instalación de redes.
- También realizan capacitación a los clientes.
- Están comenzando a trabajar con .Net para realizar aplicaciones vía Internet.

Otro de los entrevistados (Empresa "B") sostuvo:

- sólo se dedican al Software (no trabajan con Hardware) pues consideran que no se puede hacer todo, por cuestión de tiempo y de responsabilidad ante el Cliente.

Otro de los entrevistados (Profesional independiente) sostuvo:

- en realidad, cubre las necesidades de asesoramiento de sus clientes en áreas muy diferentes (lo que le pidan siempre que esté dentro de sus posibilidades), tanto de software como de hardware.

Otro entrevistado (Empresa "A") describió, dentro de la estructura organizacional, un área específica destinada a cubrir las demandas de los clientes: *Atención al cliente* a cargo de un gerente.

Otro entrevistado (Empresa "A") también señaló un área específica destinada a tal fin: *Soporte o mesa de ayuda*: 10 personas.

Como consecuencia de estas diferencias y para obtener mayor información sobre este punto, en la encuesta se pidió información sobre los servicios que brindaban.

- Se observó la presencia de dos elementos muy recurrentes que han sido incluidos en dos categorías conceptuales distintas: "mentalidad empresarial innovadora" versus "mentalidad conformista".

Los entrevistados que forman parte de las empresas más grandes, del tipo "A", y uno que corresponde al tipo "B", valoran la búsqueda de nuevos nichos de desarrollo de software para lograr "hacer crecer la empresa". Ellos fueron incluidos en la categoría *"mentalidad empresarial innovadora"*.

Los entrevistados que no manifiestan expectativas por encontrar otros caminos y estiman suficiente la mantención del software que han desarrollado, fueron incluidos en la categoría: *"mentalidad conformista"*.

En la encuesta se pidió que especificaran cuál sería su actitud al detectar nuevas demandas en el mercado.

- Con respecto a los Recursos Humanos:
  - Selección de Personal:

Entrevistado (Empresa "A") manifestó:

- Se realiza a través de los medios de comunicación, con posterior evaluación y entrevista en el área de recursos humanos y se rescataron aquellos que demostraron manejo de lógica de programación. La selección fue, entonces, interna.

La otra Empresa "A" manifestó:

- "La selección de personal se realiza a través de una consultora externa y posteriormente una nueva selección interna con el gerente del área".

Una de las empresas "B" manifestó:

- La convocatoria fue realizada a través de avisos clasificados en el diario en dos oportunidades, luego se realizaron entrevistas personales (5) y se tomó a una persona. Otras veces fueron colocados carteles en las universidades y en el Instituto Leibnitz. Con la UTN nunca se obtuvieron resultados. Actualmente ofrece pasantías a los alumnos de la UNVM y según el resultado de las mismas, los postulantes permanecen o no.

Otra empresa "B":

- "La incorporación de personal se realiza a través de contactos con allegados a la empresa. Prefieren gente de confianza aunque no estén capacitados". A veces se han publicado avisos en el diario y se han realizado consultas a las instituciones educativas. Posteriormente se realizaron entrevistas donde analizaron conocimientos técnicos, si el entrevistado estudia o no, los horarios y las referencias.

- Coincidencias (en los tres tipos de entrevistas: empresas "A", "B" y profesionales independientes) en la percepción de las carencias en la formación de los jóvenes ingresantes al trabajo. Observaron falencias en Ingeniería de requerimientos, SQL, lenguaje orientado a objetos, Inglés. Algunos remarcaron que los jóvenes necesitarían más información en los aspectos administrativo – contables, en la expresión y en la redacción.

- Diferencias en la forma de resolver el problema

    el entrevistado de una de las empresas "B" sostuvo que la capacitación del personal la realiza toda él mismo.

    Otro entrevistado de una empresa del tipo "B" sostuvo que realizan capacitación interna: una vez al año en lenguajes y parte técnica

    Otro entrevistado de las empresas "B" sostuvo que, en muchos casos, las empresas invierten tiempo en la capacitación de empleados que después no permanecen en la misma. Agrega, también, que el personal de la empresa realiza seminarios en Buenos Aires para conocer y adaptarse a las nuevas tendencias.

    El entrevistado de una de las empresas "A" sostuvo que la capacitación es interna con personal contratado.

    Otro de los entrevistados de las empresas "A" sostuvo que los capacitan (internamente) en distintos lenguajes: para Clarion la capacitación es de 6 meses, para Java de 1 año.

    En la actualidad desarrollan un proyecto (FONCAR-FONTAR) con la UNRC a través del cual tuvieron una capacitación en JAVA.

- Con respecto a la modalidad de trabajo:

    Las empresas "A" coinciden en que trabajan por proyectos.

    Una de ellas rescata la importancia de los Programadores, estableciendo que por cada proyecto pueden participar 10 analistas programadores, 2 funcionales y 1 ingeniero o líder del proyecto. Resalta además que: los RRHH tienden a trabajar de forma independiente, pero terminan desarrollando pequeños sistemas, poseen un techo que no les permite crecer y que el desafío de éstos sería detectar un nuevo mercado sin desarrollar.

La otra empresa poseen líderes para cada uno de ellos.

- Diferencias en la difusión de los productos que ofrecen:

    En las pequeñas empresas se apela como recurso al "boca a boca", mientras que en las restantes ("A") se apela a la publicidad y a otros recursos para imponer sus productos.

    El entrevistado de una de las empresas "B" sostuvo también que:

    Se hacen conocer a través de: Revistas (Todo Agro, Clave), página web, recomendación de los clientes. Sus productos son distribuidos fundamentalmente por ingenieros agrónomos y contadores.

- Certificación de la calidad:

    Empresa "A": Certifica calidad CMMI solamente en un área. Forma parte de la encuesta debido a la presunción de la poca cantidad de empresas que lo hacen.

- Procedencia de los clientes:

    Se observa una importante diversidad en la procedencia de los clientes. Por ello también se incluye en las encuestas.

Elaboración de los ítems de las Encuestas

Teniendo como base las categorías de análisis surgidas de las entrevistas, se confeccionaron las preguntas de las encuestas.

Sólo debemos mencionar que, en el primer ítem de la encuesta denominado *Características del producto*, el equipo de trabajo incluyó algunas preguntas técnicas para recabar datos de manera más completa.

Encuestas

Análisis estadístico de los resultados obtenidos

El universo de estudio está compuesto por empresas y por profesionales independientes que producen software y brindan servicios informáticos en la ciudad de Villa María. Fueron seleccionados a partir del conocimiento que algunos de los integrantes del proyecto tienen porque se desempeñan en dicho sector (SSI) y por la información brindada por el Colegio de Ingenieros Especialistas y por el Consejo Profesional de Ciencias Informáticas de la ciudad.

A tal fin, y según las definiciones dadas, se consideró empresa a aquellos grupos conformados por más de una persona que producen software y brindan servicios informáticos, y profesionales independientes aquellos que trabajan en forma individual.

El siguiente informe ha sido realizado a partir de los datos obtenidos en las 37 encuestas aplicadas. Del total de encuestas, 17 (45,9%) se administraron a empresas de Software y Servicios Informáticos y 20 (54,1%) a profesionales del área que trabajan en forma independiente, ambos de la ciudad de Villa María. Su principal objetivo es cubrir el vacío informativo que existe acerca de la realidad de este sector.

La administración de las encuestas la realizaron alumnos del Instituto Leibnitz y de la Licenciatura en informática de la UNVM. Los alumnos establecieron un primer contacto con la persona y/o empresa a encuestar y posteriormente acordaron un encuentro.

Datos del Entrevistado

Cargo en la Organización

		Frecuencia	Porcentaje	Porcentaje válido
Válidos	Dirección	8	21,6	21,6
	Gerencia	4	10,8	10,8
	Área Comercial	1	2,7	2,7
	Área Desarrollo SW	4	10,8	10,8
	Independiente	20	54,1	54,1
	Total	37	100,0	100,0

De las 17 empresas (45,9% del total, el 21,6% de las personas encuestadas pertenece a Dirección, el 10,8% a Gerencia, el 2,7% al Área Comercial y el 10,8% al Área de Desarrollo de Software.

Sexo

		Frecuencia	Porcentaje	Porcentaje válido
Válidos	Masculino	30	81,1	81,1
	Femenino	7	18,9	18,9
	Total	37	100,0	100,0

De las 37 personas encuestadas, 30 (81,1%) son hombres y 7 (18,9%) son mujeres.

Sexo * Tipo de encuestado

			Tipo de encuestado		Total
			Empresa	Prof indep	
Sexo	Masculino	Recuento	15	15	30
		% de Sexo	50,0%	50,0%	100,0%
		% de Tipo de encuestado	88,2%	75,0%	81,1%
	Femenino	Recuento	2	5	7
		% de Sexo	28,6%	71,4%	100,0%
		% de Tipo de encuestado	11,8%	25,0%	18,9%
Total		Recuento	17	20	37
		% de Sexo	45,9%	54,1%	100,0%
		% de Tipo de encuestado	100,0%	100,0%	100,0%

A su vez, de los 30 hombres, 15 (50%) pertenecen a empresas y 15 (50%) son profesionales independientes y de las 7 mujeres, 2 (28,6%) pertenecen a empresas y 5 (71,4%) son profesionales independientes. Además, de las 17 empresas encuestadas, los 15 hombres representan el 88,2% y las 2 mujeres el 11,8% y de los 20 profesionales independientes, los 15 hombres representan el 75% y las 5 mujeres el 25%.

Edad

		Frecuencia	Porcentaje	Porcentaje válido
Válidos	30 o menos	11	29,7	29,7
	31-40	15	40,5	40,5
	41-50	11	29,7	29,7
	Total	37	100,0	100,0

De las 37 personas encuestadas, el 29,7% tiene 30 años o menos, el 40,5% tiene entre 31 y 40 años y el 29,7% entre 41 y 50 años.

Estudios cursados

		Frecuencia	Porcentaje	Porcentaje válido
Válidos	Secundario	3	8,1	8,3
	Terciario	19	51,4	52,8
	Universitario	14	37,8	38,9
	Total	36	97,3	100,0
Perdidos	Sistema	1	2,7	
Total		37	100,0	

De los 36 resultados obtenidos (1 no respondió), el 8,3% de las personas encuestadas tiene estudios secundarios, el 52,8% estudios terciarios y el 38,9% estudios universitarios.

Estudios cursados * Tipo de encuestado

			Tipo de encuestado		Total
			Empresa	Prof indep	
Estudios cursados	Secundario	Recuento	3	0	3
		% de Estudios cursados	100,0%	,0%	100,0%
		% de Tipo de encuestado	17,6%	,0%	8,3%
	Terciario	Recuento	10	9	19
		% de Estudios cursados	52,6%	47,4%	100,0%
		% de Tipo de encuestado	58,8%	47,4%	52,8%
	Universitario	Recuento	4	10	14
		% de Estudios cursados	28,6%	71,4%	100,0%
		% de Tipo de encuestado	23,5%	52,6%	38,9%
Total		Recuento	17	19	36
		% de Estudios cursados	47,2%	52,8%	100,0%
		% de Tipo de encuestado	100,0%	100,0%	100,0%

Las 3 personas con estudios secundarios pertenecen a empresas, de las 19 personas con estudios terciarios, el 52,6% pertenecen a una empresa y el 47,4% son profesionales independientes y de las 14 personas con estudios universitarios el 28,6% pertenecen a empresas y el 71,4% son profesionales independientes.

Además, de las 17 empresas, el 17,6% tiene estudios secundarios, el 58,8% tiene estudios terciarios y el 23,5% tiene estudios universitarios y de los 19 profesionales independientes, el 47,4% tiene estudios terciarios y el 52,6% tiene estudios universitarios.

Título Obtenido

		Frecuencia	Porcentaje	Porcentaje válido
Válidos	Ing. Sist.	10	27,0	27,0
	Analista Sist.	19	51,4	51,4
	Lic. Inf.	2	5,4	5,4
	Perito Merc.	2	5,4	5,4
	Técnico Electrónico	1	2,7	2,7
	NC	3	8,1	8,1
	Total	37	100,0	100,0

Con respecto al Título que poseen las personas entrevistadas, el 27% (10) son Ingenieros en Sistemas, el 51,4% (19) son Analistas de sistemas, el 5,4% (2) son Licenciados en informática, el 5,4% (2) son Perito mercantil y el 8,1% no responde.

Las Características del Producto

Sobre la plataforma

Plataforma	Tipo de Encuestado			Porcentajes de Lenguaje			Porcentajes de Tipo de Encuestado		
	Empresa	Prof. Indep.	Total	Empresa	Prof. Indep.	Total	Empresa	Prof. Indep.	Total
Windows	15	17	32	46,90%	53,10%	100,00%	88,20%	85,80%	86,50%
DOS	9	6	15	60,00%	40,00%	100,00%	52,90%	30,00%	40,50%
Linux	3	2	5	60,00%	40,00%	100,00%	17,60%	10%	13,50%
Win/Linux	3	1	4	75,00%	25,00%	100,00%	17,60%	5,00%	10,80%
Otras	2	2	4	50,00%	50,00%	100,00%	11,80%	10,00%	10,80%

Del total de encuestados, el 86,5% trabaja bajo plataforma Windows, de los cuales, el 53,1% son profesionales independientes y el 46,9% son empresas. Asimismo, el 88,2% de las empresas utiliza plataforma Windows, al igual que el 85% de los profesionales independientes. El 40,5% de los encuestados trabaja bajo plataforma DOS, de los cuales el 40% son profesionales independientes. El 52,9% de las empresas trabaja en DOS al igual que el 30% de los profesionales independientes. Sólo el 13,5% de los encuestados trabaja bajo plataforma Linux, de los cuales el 40% son profesionales independientes y el 60% son empresas. El 10,8% manifiesta trabajar con plataformas diferentes a las propuestas en las encuestas.

Así podemos concluir que un alto porcentaje de los encuestados utiliza plataforma Windows, aproximadamente en el mismo porcentaje empresas y profesionales independientes. De los encuestados, hay un mayor porcentaje de empresas que aún trabajan en DOS con respecto a los profesionales independientes.

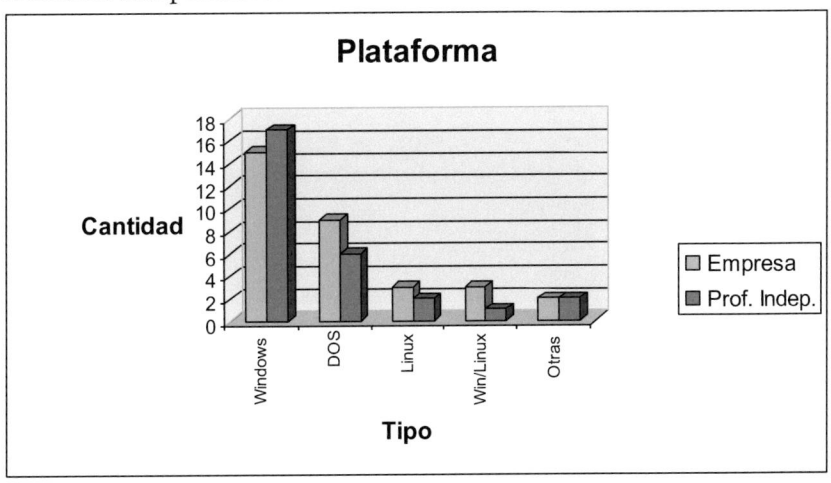

Sobre el lenguaje de desarrollo

Lenguaje	Tipo de Encuestado			Porcentajes de Lenguaje			Porcentajes de Tipo de Encuestado		
	Empresa	Prof. Indep.	Total	Empresa	Prof. Indep.	Total	Empresa	Prof. Indep.	Total
Visual Basic	6	9	15	40,00%	60,00%	100,00%	35,30%	45,00%	40,50%
Clarion Visual	6	5	11	54,50%	45,50%	100,00%	35,30%	25,00%	29,70%
Clarion	2	0	2	100,00%	0,00%	100,00%	11,8	0	54
C	0	0	0	0,00%	0,00%	0,00%	0,00%	0,00%	0,00%
Clipper y Fox	4	4	8	50,00%	50,00%	100,00%	23,50%	20,00%	21,60%
Visual Fox	3	4	7	42,90%	57,10%	100,00%	17,60%	20,00%	18,90%
Delphi	0	0	0	0,00%	0,00%	0,00%	0%	0%	0%
Java	3	2	5	60,00%	40,00%	100,00%	17,60%	10,00%	13,50%
PHP	1	2	3	33,30%	66,70%	100,00%	5,90%	10,00%	8,10%
.Net	3	3	6	50,00%	50,00%	100,00%	17,60%	15,00%	16,20%
Cobol	2	1	3	66,70%	33,30%	100,00%	11,80%	5,00%	8,10%
Otro Leng.	1	3	4	25,00%	75,00%	100,00%	5,90%	15,00%	10,80%

Del total de encuestas realizadas, el 40,5% (15) trabaja en Visual Basic, de los cuales el 40% son empresas (6) y el 60% son profesionales independientes (9). Asimismo, el 29,7% trabaja en Clarion Visual, de los cuales el 54,5% son empresas (6) y el 45,5% son profesionales independientes (5). Sólo hay 2 empresas que trabajan en Clarion (5,4%) y ningún profesional independiente.

Se puede observar que ninguno de los encuestados trabaja en Lenguaje C y que de los encuestados, el 21,6% trabaja en Clipper y Fox. Son 4 empresas (50%) y 4 profesionales independientes (50%).

Del total de encuestados, el 18,9% trabaja en Visual Fox, de los cuales el 42,9% son empresas y el 57,1% son profesionales independientes pero ninguno de los encuestados trabaja en Delphi. Se desprende de los resultados obtenidos que el 13,5% trabaja en lenguaje Java, de los cuales el 60% son empresas y el 40% son profesionales independientes.

De los encuestados el 8,1% trabaja en PHP de los cuales el 33,3% son empresas (1) y el 66,7% (2) son profesionales independientes y según lo que pudimos verificar el 16,2% trabajan en .NET de las cuales son 3 empresas y 3 profesionales independientes.

De los encuestados, el 8,1% trabaja en Cobol, de los cuales el 66,7% (2) son empresas y el 33,3% (1) son profesionales independientes. Sólo el 10,8% de los encuestados (1 empresa y 3 profesionales independientes) manifiesta trabajar en un lenguaje diferente a los propuestos en la encuesta.

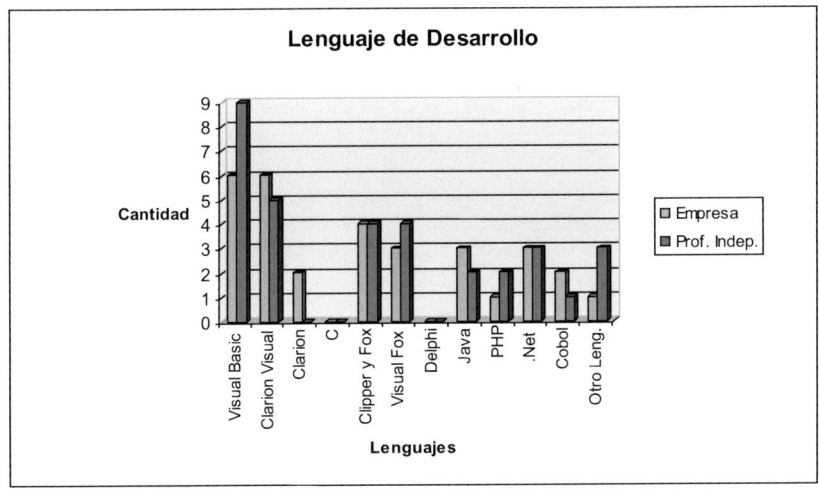

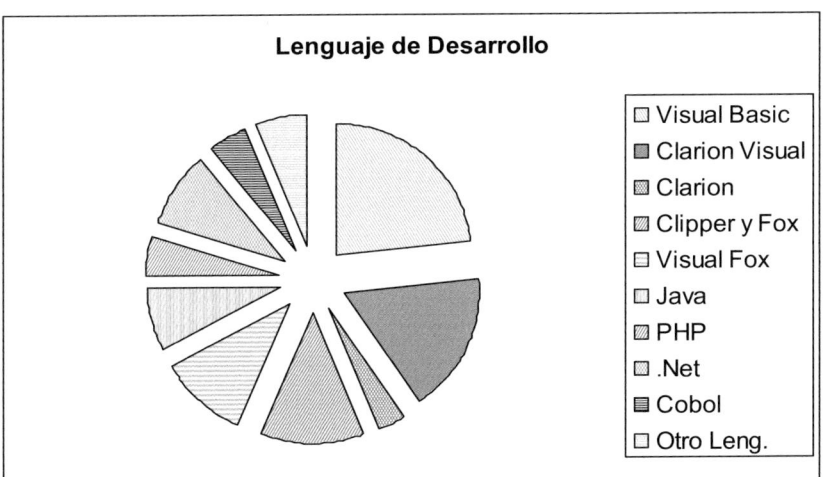

Sobre el motor de base de datos

Motor BD	Tipo de Encuestado			Porcentajes de Motor de BD			Porcentajes de Tipo de Encuestado		
	Empresa	Prof. Indep	Total	Empresa	Prof. Indep.	Total	Empresa	Prof. Indep.	Total
Mssql	14	10	24	58,30%	41,70%	100,00%	82,40%	50,00%	64,90%
Oracle	2	0	2	100,00%	0,00%	100,00%	11,80%	0,00%	5,40%
Mysql	3	3	6	50,00%	50,00%	100,00%	17,60%	15,00%	16,20%
Access	3	3	6	50,00%	50,00%	100,00%	17,60%	15,00%	16,20%
Dbase	2	3	5	40,00%	60,00%	100,00%	11,80%	15,00%	13,50%
Lenguaje	6	4	10	60,00%	40,00%	100,00%	35,30%	20,00%	27,00%
Postgresql	0	3	3	0,00%	100,00%	100,00%	0,00%	15,00%	8,10%
Otros	1	1	2	50,00%	50,00%	100,00%	5,90%	5,00%	5,40%

Del total de encuestados, el 64,9% utiliza como motor de base de datos a Mssql, de los cuales el 58,3% (14) son empresas y el 41,7% (10) son profesionales independientes. Esas 14 compañías representan el 82,4% del total de empresas encuestadas y los 10 profesionales, el 50% de los profesionales encuestados.

Del total de encuestados, 2 empresas (5,4%) utilizan como motor de base de datos a Oracle y ningún profesional independiente. Asimismo, el 16,2% utiliza como motor de base de datos a Mysql, son 3 empresas y 3 profesionales independientes. Esas 3 empresas representan el 17,6% del total de empresas encuestadas y los 3 profesionales, el 15% de los profesionales encuestados.

De los datos recabados, el 16,2% utiliza como motor de base de datos a Access, son 3 empresas y 3 profesionales independientes. Esas 3 firmas constituyen el 17,6% del total de empresas encuestadas y los 3 profesionales, el 15% de los profesionales encuestados.

Según lo encuestado, el 13,5% utiliza como motor de base de datos a Dbase, de los cuales el 40% (2) son empresas y el 60% (3) son profesionales independientes. Esas 2 empresas representan el 11,8% del total de compañías encuestadas y los 3 profesionales, el 15% de los profesionales encuestados. Mientras que un 27% utiliza el motor de base de datos proporcionado por el lenguaje, de los cuales el 60% (6) son empresas y el 40% (4) son profesionales independientes. Esas 6 firmas representan el 35,3% del total de empresas encuestadas y los 4 profesionales, el 20% de los profesionales encuestados.

Del total de encuestados, 3 profesionales independientes utilizan como motor de base de datos Postgresql (8,10%). Esos 3 profesionales representan el 15% de los profesionales encuestados.

Finalmente, 1 empresa y 1 profesional independiente manifestaron utilizar un motor de base de datos diferente a los propuestos por las encuestas.

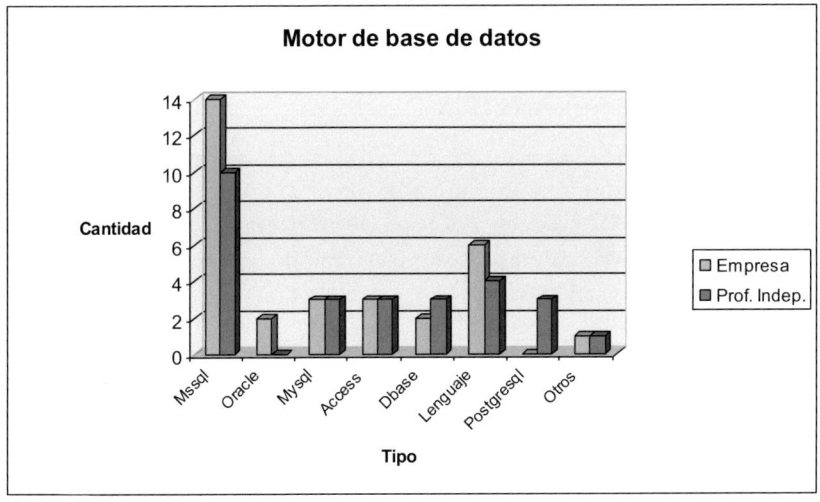

Podemos concluir que un alto porcentaje de encuestados (64,9%) utilizan Mssql como motor de base de datos y si comparamos las empresas con los profesionales independientes, resulta que son muchas más las empresas que utilizan este motor de bases de datos que los profesionales independientes. El otro motor de bases de datos muy utilizado es el proporcionado por el lenguaje (27%) y también en este caso, lo utilizan más las empresas que los profesionales independientes. Estas diferencias tan notables no se observan en los demás casos.

Sobre el tipo de aplicación

Aplicación	Tipo de Encuestado			Porcentajes de tipo de aplicación			Porcentajes de Tipo de Encuestado		
	Empresa	Prof. Indep.	Total	Empresa	Prof. Indep.	Total	Empresa	Prof. Indep.	Total
Open source	0	1	1	0,00%	100,00%	100,00%	0,00%	5,00%	2,70%
Estándar	3	2	5	60,00%	40,00%	100,0%	17,60%	10,00%	13,5%
Est. param.	11	13	24	45,80%	54,20%	100,0%	64,70%	65,00%	64,9%
A medida	10	17	27	37,00%	63,00%	100,0%	58,80%	85,00%	73,0%

Solamente 1 profesional independiente (2,7%) desarrolla aplicaciones open source.

El 13,5% de los encuestados desarrollan aplicaciones estándar, son 3 empresas (60%) y 2 profesionales independientes (40%). Además, del total de empresas, el 17,6% desarrolla aplicaciones estándar y del total de profesionales independientes, el 10%.

Del total de encuestados, el 64,9% desarrollan aplicaciones estándar sujetas a parametrización, son 11 empresas (45,8%) y 13 profesionales independientes (54,2%). Además, del total de empresas, el 64,7% desarrolla aplicaciones estándar sujetas a parametrización y del total de profesionales independientes, el 65%.

Del total de encuestados, el 73% desarrollan aplicaciones a medida, son 10 empresas (37%) y 17 profesionales independientes (63%). Además, del total de empresas, el 58,8% desarrolla aplicaciones a medida y del total de profesionales independientes, el 85%.

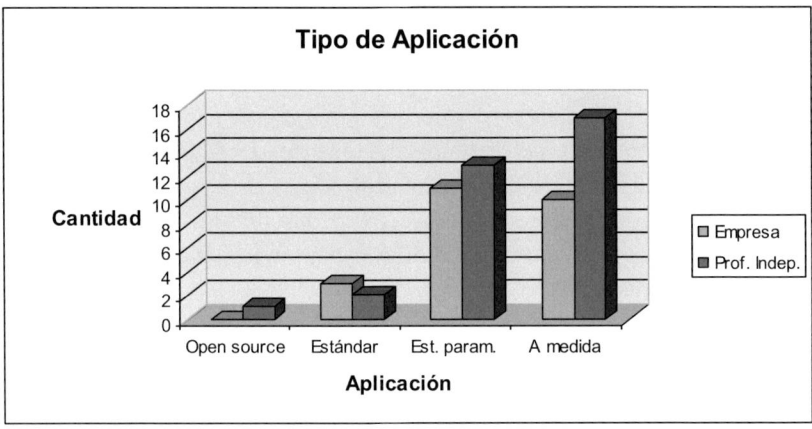

En conclusión, los profesionales independientes se dedican en un alto porcentaje a desarrollar aplicaciones a medida o aplicaciones parametrizables, superando a las empresas que desarrollan este tipo de productos.

Sobre el registro del software desarrollado

Registro de software que desarrolla * Tipo de encuestado

			Tipo de encuestado		Total
			Empresa	Prof indep	
Soft. registrado	Todo	Recuento	6	2	8
		% de Soft. registrado	75,0%	25,0%	100,0%
		% de Tipo de encuestado	35,3%	10,5%	22,2%
	Gran Parte	Recuento	3	2	5
		% de Soft. registrado	60,0%	40,0%	100,0%
		% de Tipo de encuestado	17,6%	10,5%	13,9%
	Algo	Recuento	2	3	5
		% de Soft. registrado	40,0%	60,0%	100,0%
		% de Tipo de encuestado	11,8%	15,8%	13,9%
	Nada	Recuento	6	12	18
		% de Soft. registrado	33,3%	66,7%	100,0%
		% de Tipo de encuestado	35,3%	63,2%	50,0%
Total		Recuento	17	19	36
		% de Soft. registrado	47,2%	52,8%	100,0%
		% de Tipo de encuestado	100,0%	100,0%	100,0%

Del total de encuestados que respondieron (36), el 50% no registra nada del software que produce, son 6 empresas (33,3%) y 12 profesionales independientes (66,7%). De los 19 profesionales independientes, el 63,2% no registra nada y de las 17 empresas el 35,3%. Sólo 2 profesionales independientes (25% del total) y 6 empresas (75% del total) registran todo el software.

Sobre la certificación de calidad

Cert. calidad * Tipo de encuestado

			Tipo de encuestado		Total
			Empresa	Prof indep	
Cert. calidad	Si	Recuento	5	0	5
		% de Cert. calidad	100,0%	,0%	100,0%
		% de Tipo de encuestado	29,4%	,0%	13,5%
	No	Recuento	12	20	32
		% de Cert. calidad	37,5%	62,5%	100,0%
		% de Tipo de encuestado	70,6%	100,0%	86,5%
Total		Recuento	17	20	37
		% de Cert. calidad	45,9%	54,1%	100,0%
		% de Tipo de encuestado	100,0%	100,0%	100,0%

Del total de encuestados, sólo 5 empresas (13,5%) certifican calidad pero ningún profesional independiente lo hace. Las 5 empresas representan un 29,4% del total de empresas encuestadas. Para aquellos que certifican calidad, se les preguntó norma, nivel y método.

NORMA * Tipo de encuestado

			Tipo de encuestado Empresa	Total
QA_NORMA	CMM/CMMI	Recuento	1	1
		% de QA_NORMA	100,0%	100,0%
		% de Tipo de encuestado	25,0%	25,0%
	ISO	Recuento	3	3
		% de QA_NORMA	100,0%	100,0%
		% de Tipo de encuestado	75,0%	75,0%
Total		Recuento	4	4
		% de QA_NORMA	100,0%	100,0%
		% de Tipo de encuestado	100,0%	100,0%

Una empresa (25%) trabaja bajo normas CMM/CMMI y tres (75%) trabajan bajo normas ISO, solo una de las empresas no respondió. Sin embargo, las tres empresas trabajan bajo normas ISO 9001/2000.

Sobre si aplican metodología formal en todos los procesos o en algunos:

METODO * Tipo de encuestado

			Tipo de encuestado Empresa	Total
QA_METOD	Todos	Recuento	4	4
		% de QA_METOD	100,0%	100,0%
		% de Tipo de encuestado	80,0%	80,0%
	Algunos	Recuento	1	1
		% de QA_METOD	100,0%	100,0%
		% de Tipo de encuestado	20,0%	20,0%
Total		Recuento	5	5
		% de QA_METOD	100,0%	100,0%
		% de Tipo de encuestado	100,0%	100,0%

Cuatro empresas (80%) respondieron que aplican metodología formal en todos los procesos y sola una (20%) aplica en algunos. Asimismo, 4 empresas (80%) respondieron que utilizan software de soporte.

Sobre cómo realizan el relevamiento de datos

RELEVAMIENTO DE DATOS

		Frecuencia	Porcentaje	Porcentaje válido	Porcentaje acumulado
Válidos	Ent. pers. cliente	25	67,6	67,6	67,6
	Met. Sure Step	1	2,7	2,7	70,3
	Cuest./Form.	3	8,1	8,1	78,4
	Consulta tel. mail	1	2,7	2,7	81,1
	De terceros	1	2,7	2,7	83,8
	NC	6	16,2	16,2	100,0
	Total	37	100,0	100,0	

Del total de encuestados, el 67,6% realiza el relevamiento de datos a través de entrevistas personales al cliente (25), el 2,7% lo hace a través del método Sure Step, el 8,1% a través de cuestionarios o formularios, el 2,7% a través de consulta telefónica o mail y, por último, el 2,7% a través de terceros. Sólo 6 encuestados (16,2%) no respondieron.

Haciendo el análisis por tipo de encuestado:

- 11 empresas (44%) y 14 profesionales independientes (56%) realizan el relevamiento de datos a través de entrevistas personales al cliente. Sin ninguna duda este es el método más utilizado (64,7% de las empresas y 70% de los profesionales independientes).

- 1 sólo profesional independiente trabaja con el método Sure Step.

- 2 empresas (66,7%) y 1 profesional independiente (33,3%) realizan el relevamiento de datos a través de cuestionarios o formularios. Lo utilizan el 11,8% de las empresas y el 5% de los profesionales independientes.

- 1 sola empresa realiza el relevamiento de datos a través de consulta telefónica o mail.

- 1 sólo profesional independiente realiza el relevamiento de datos a través de terceros.

Sobre si han detectado nuevas demandas

DETECTA DEMANDAS

		Frecuencia	Porcentaje	Porcentaje válido
Válidos	Si	27	73,0	75,0
	No	9	24,3	25,0
	Total	36	97,3	100,0
Perdidos	Sistema	1	2,7	
Total		37	100,0	

Del total de encuestados, 27 han detectado nuevas demandas (75%) y 9 no (25%). Sólo un encuestado no respondió.

Sobre cómo enfrentar las nuevas demandas

Enfrentar demandas	Tipo de Encuestado			Porcentajes de opciones para enfrentar demandas			Porcentajes de Tipo de Encuestado		
	Empresa	Prof. Indep.	Total	Empresa	Prof. Indep.	Total	Empresa	Prof. Indep.	Total
Desarrollo en otro lenguaje	10	8	18	55,60%	44,40%	100,00%	66,70%	66,70%	66,70%
Nuevo motor de BD	5	4	9	55,60%	44,40%	100,00%	33,30%	33,30%	33,30%
Tercerización	3	4	7	42,90%	57,10%	100,00%	20,00%	33,30%	25,90%
No hace lugar	0	1	1	0,00%	100,00%	100,00%	0,00%	8,30%	3,70%
Otros	2	3	5	40,00%	60,00%	100,00%	13,30%	25,00%	18,50%

Esta tabla está confeccionada en base a los 27 encuestados (15 empresas y 12 profesionales independientes) que respondieron haber detectado nuevas demandas. De ellos, 10 empresas (55,6%) y 8 profesionales independientes (44,4%) respondieron emprender el desarrollo de software en otro lenguaje. Ambos representan un 66,7% del total (15 empresas y 12 profesionales independientes). Además, ante estas nuevas demandas, 5 empresas (55,6%) y 4 profesionales independientes (44,4%) utilizan un nuevo motor de base de datos. Ambos representan un 33,3% del total (15 empresas y 12 profesionales independientes).

Ante las nuevas demandas, 3 empresas (42,9%) y 4 profesionales independientes (57,1%), prefieren tercerizar el desarrollo del software. Las empresas representan un 20% del total y los profesionales independientes un 33,3%. Un solo profesional independiente manifiesta que no hace lugar a las nuevas demandas.

Es así que tanto las empresas como los profesionales independientes están dispuestos a enfrentar las nuevas demandas, siendo muy altos los porcentajes y muy similares los que optan por enfrentar esta demanda en su propio espacio o tercerizando.

Los Servicios

Servicios	Tipo de Encuestado			Porcentajes de Servicios			Porcentajes de Tipo de Encuestado		
	Empresa	Prof. Indep	Total	Empresa	Prof. Indep.	Total	Empresa	Prof. Indep.	Total
Inst. y Ases.	16	17	33	48,50%	51,50%	100,00%	94,10%	85,00%	89,20%
Relac. con Internet	14	6	20	70,00%	30,00%	100,00%	82,40%	30,00%	54,10%
Técnico	11	4	15	73,30%	26,70%	100,00%	64,70%	20,00%	40,50%
Inst. y Mant. de redes	13	5	18	72,20%	27,80%	100,00%	76,50%	25,00%	48,60%
Ases. Gral.	12	12	24	50,00%	50,00%	100,00%	70,60%	60,00%	64,90%
Mesa de ayuda	10	4	14	71,40%	28,60%	100,00%	58,80%	20,00%	37,80%
No brinda	0	1	1	0,00%	100,00%	100,00%	0,00%	5,00%	2,70%
Otros	1	2	3	33,30%	66,70%	100,00%	5,90%	10,00%	8,10%

Analizando la cantidad de servicios que brinda cada encuestado:

CANTIDAD SERVICIOS

		Frecuencia	Porcentaje	Porcentaje válido
Válidos	0	1	2,7	2,7
	1	6	16,2	16,2
	2	7	18,9	18,9
	3	5	13,5	13,5
	4	6	16,2	16,2
	5	3	8,1	8,1
	6	9	24,3	24,3
	Total	37	100,0	100,0

vemos que 9 encuestados (24,3%) brinda todos los servicios propuestos en la encuesta.

El Mercado

Mercado	Tipo de Encuestado			Porcentajes de Mercado			Porcentajes de Tipo de Encuestado		
	Empresa	Prof. Indep	Total	Empresa	Prof. Indep.	Total	Empresa	Prof. Indep.	Total
Adm. Cont.	8	14	22	36,40%	63,60%	100,00%	47,10%	70,00%	59,50%
Conces.	1	0	1	100,00%	0,00%	100,00%	5,90%	0,00%	2,70%
Adm. Rural	1	2	3	33,30%	66,70%	100,00%	5,90%	10,00%	8,10%
Salud	2	3	5	40,00%	60,00%	100,00%	11,80%	15,00%	13,50%
Gestión	1	0	1	100,00%	0,00%	100,00%	5,90%	0,00%	2,70%
Emp Transp.	1	0	1	100,00%	0,00%	100,00%	5,90%	0,00%	2,70%
Est. Contab.	2	0	2	100,00%	0,00%	100,00%	11,80%	0,00%	5,40%
Cooperativas	1	1	2	50,00%	50,00%	100,00%	5,90%	5,00%	5,40%
Agro	2	0	2	100,00%	0,00%	100,00%	11,80%	0,00%	5,40%
Farmacias	1	0	1	100,00%	0,00%	100,00%	5,90%	0,00%	2,70%
Todo	2	2	4	50,00%	50,00%	100,00%	11,80%	10,00%	10,80%
Adm. Munic.	0	1	1	0,00%	100,00%	100,00%	0,00%	5,00%	2,70%
Emp. Com.	1	0	1	100,00%	0,00%	100,00%	5,90%	0,00%	2,70%
May. Min.	0	1	1	0,00%	100,00%	100,00%	0,00%	5,00%	2,70%
Particulares	0	1	1	0,00%	100,00%	100,00%	0,00%	5,00%	2,70%

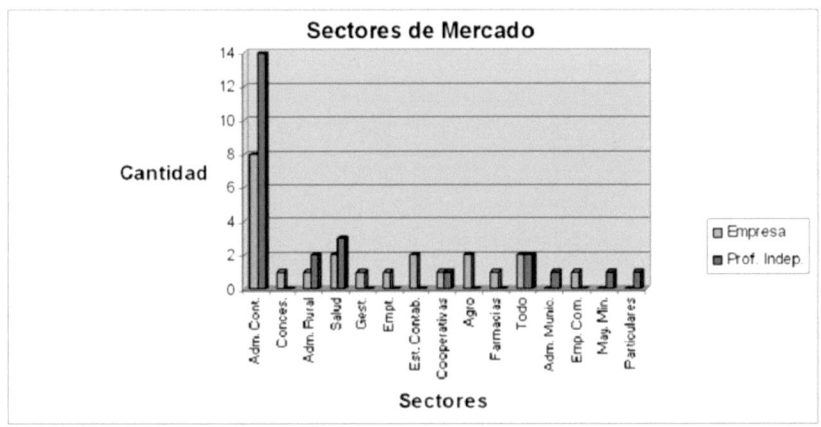

Del total de encuestados, 8 empresas (36,4%) y 14 profesionales independientes (63,6%) producen software para el sector administrativo-contable. Las 8 empresas constituyen el 47,10% del total de empresas y los 14 profesionales el 70% del total de profesionales.

Las siguientes tablas indican en qué lenguaje trabajan empresas y profesionales independientes según el mercado al que se orientan:

Adm. Cont.	Tipo de Encuestado			Porcentajes de Lenguajes			Porcentajes de Tipo de Encuestado		
	Empresa	Prof. Indep	Total	Empresa	Prof. Indep.	Total	Empresa	Prof. Indep.	Total
Visual Basic	4	7	11	36,40%	63,60%	100,00%	50,00%	50,00%	50,00%
Clarion Visual	2	2	4	50,00%	50,00%	100,00%	25,00%	14,30%	18,20%
Clarion	1	0	1	100,00%	0,00%	100,00%	12,50%	0,00%	4,50%
Clipper y Fox	4	2	6	66,70%	33,30%	100,00%	50,00%	14,30%	27,30%
Visual Fox	2	3	5	40,00%	60,00%	100,00%	25,00%	21,40%	22,70%
Java	0	2	2	0,00%	100,00%	100,00%	0,00%	14,30%	9,10%
PHP	1	0	1	100,00%	0,00%	100,00%	12,50%	0,00%	4,50%
.Net	1	3	4	25,00%	75,00%	100,00%	12,50%	21,40%	18,20%
Cobol	1	1	2	50,00%	50,00%	100,00%	12,50%	7,10%	9,10%
Otros	0	1	1	0,00%	100,00%	100,00%	0,00%	7,10%	4,50%

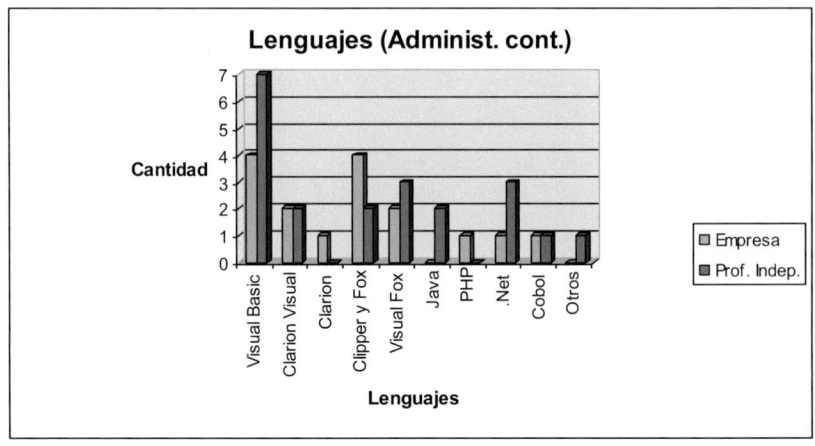

Del total de encuestados que trabajan en el sector Administrativo contable (22), utilizan Visual Basic 4 empresas y 7 profesionales independientes que es, sin dudas, el lenguaje más utilizado para el software desarrollado en este sector (50%). Le siguen Clipper y Fox (6 encuestados que representan un 27,3%) 4 empresas y 2 profesionales independientes y Visual Fox (5 encuestados que representan un 22,7%) 2 empresas y 3 profesionales independientes. Se pueden destacar también Clarion Visual y .Net (en ambos casos, 4 encuestados que representan un 18,2%)

En el sector de Concesionarios, trabaja solamente una empresa y lo hace en Visual Basic.

Del total de encuestados que trabajan en el sector Administrativo rural (3), 2 encuestados (66,7%) trabajan en Visual Basic, 1 empresa y 1 profesional independiente. También es el lenguaje más utilizado en este sector. 1 profesional independiente trabaja en Clipper y otro en Visual Fox.

Aquellos que trabajan en el sector Salud (5), 2 profesionales independientes lo hacen en Visual Basic y ninguna empresa. 2 encuestados (40%) trabajan en Clarion Visual, 1 empresa y 1 profesional independiente. 1 empresa trabaja en Clarion y otra en Clipper.

En Gestión trabaja solamente una empresa que desarrolla software en: Clarion y Clipper. En el sector Empresas de Transporte trabaja solamente una empresa en lenguaje Java mientras que en Estudios Contables trabajan 2 empresas en .Net, Java, Visual Fox y Clipper.

En Cooperativas trabajan 1 empresa que trabaja en Clipper y Visual Foxy y 1 profesional independiente que lo hace en Visual Basic mientras que en Agropecuario trabajan 2 empresas que desarrollan software en Visual Basic, Clarion Visual, Java y .Net.

En el sector Farmacia, trabaja una sola empresa que desarrolla software en Visual Basic y en Cobol.

Del total de encuestados que respondieron Todo (4), 1 profesional independiente trabaja en Visual Basic, 1 empresa y 1 profesional independiente en Clarion Visual, 1 empresa en Visual Fox, 1 empresa en Cobol y otra empresa en un lenguaje diferente a los propuestos.

En el sector Administración Municipal trabaja un profesional independiente en Clarion Visual, Clipper, Visual Fox y en un lenguaje diferente a los propuestos.

En Empresas Comerciales trabaja una empresa en Java y .Net mientras que en Mayoristas y minoristas trabaja un profesional independiente en: Visual Basic, Clipper, PHP y en un lenguaje diferente a los propuestos.

En el sector Particulares trabaja un profesional independiente en: PHP

Sobre si el software desarrollado provee ayuda

AYUDA

		Frecuencia	Porcentaje	Porcentaje válido
Válidos	Sí, Impresa	4	10,8	10,8
	Sí, Digital	19	51,4	51,4
	Sí, Digital e Impresa	6	16,2	16,2
	No	8	21,6	21,6
	Total	37	100,0	100,0

AYUDA * Tipo de encuestado

			Tipo de encuestado		Total
			Empresa	Prof indep	
AYUDA	Sí, Impresa	Recuento	3	1	4
		% de AYUDA	75,0%	25,0%	100,0%
		% de Tipo de encuestado	17,6%	5,0%	10,8%
	Sí, Digital	Recuento	8	11	19
		% de AYUDA	42,1%	57,9%	100,0%
		% de Tipo de encuestado	47,1%	55,0%	51,4%
	Sí, Digital e Impresa	Recuento	3	3	6
		% de AYUDA	50,0%	50,0%	100,0%
		% de Tipo de encuestado	17,6%	15,0%	16,2%
	No	Recuento	3	5	8
		% de AYUDA	37,5%	62,5%	100,0%
		% de Tipo de encuestado	17,6%	25,0%	21,6%
Total		Recuento	17	20	37
		% de AYUDA	45,9%	54,1%	100,0%
		% de Tipo de encuestado	100,0%	100,0%	100,0%

Pocos encuestados proveen ayuda impresa (3 empresas y 1 profesional independiente). El 51,4% de los encuestados provee ayuda digital (8 empresas y 11 profesionales independientes). El 21,6% de los encuestados no provee ayuda del software que desarrolla (3 empresas y 5 profesionales independientes).

Sobre el mercado que atiende

El 43,2% de los encuestados (16) trabaja a nivel local, el 51,4% a nivel provincial (19), el 35,1% a nivel nacional (13) y ninguno a nivel internacional.

Sobre los medios a través de los cuales los conocieron sus clientes

El 94,6% de los encuestados responde por recomendación de otros clientes o allegados a la empresa, el 29,7% por publicidad en distintos medios, el 8,1% por la presencia de la empresa en eventos (exposiciones, congresos, etc.) y el 10,8% a través de medios no mencionados en la encuesta.

Sobre la posibilidad de ampliar los medios a través de los cuales se hace conocer:

El 70,3% de los encuestados (26) considera necesario hacerlo.

Sobre cómo lo haría

De los 26 encuestados que consideran necesario ampliar los medios a través de los cuales hacerse conocer:

Modo de hacerlo	Frecuencia	Porcentaje
Desarrollo de página web	17	65,40%
Folletos	7	26,90%
Publicidad en medios	16	61,50%
Otros	3	11,50%

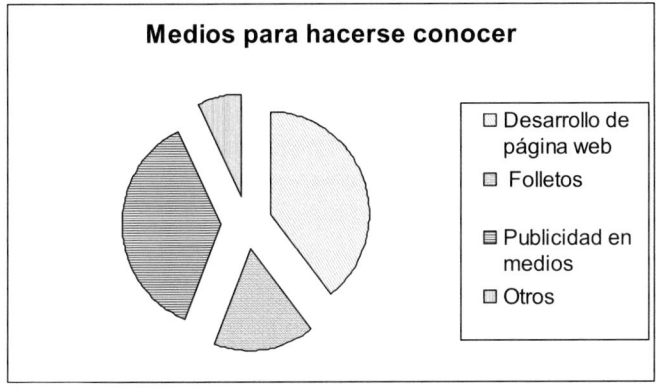

Sobre la posibilidad de acceder a créditos blandos y a largo plazo otorgados por el gobierno

CREDITOS * Tipo de encuestado

			Empresa	Prof indep	Total
CREDITOS	No	Recuento	4	9	13
		% de CREDITOS	30,8%	69,2%	100,0%
		% de Tipo de encuestado	23,5%	50,0%	37,1%
	Si	Recuento	13	9	22
		% de CREDITOS	59,1%	40,9%	100,0%
		% de Tipo de encuestado	76,5%	50,0%	62,9%
Total		Recuento	17	18	35
		% de CREDITOS	48,6%	51,4%	100,0%
		% de Tipo de encuestado	100,0%	100,0%	100,0%

De los 37 encuestados respondieron 35, de los cuales 22 (62,9%) aceptarían los créditos. Son 13 empresas (59,1%) y 9 profesionales independientes (40,9%). Del total de empresas que respondieron el 76,5% aceptaría los créditos y del total de profesionales el 50%.

Con respecto al motivo por el cual respondieron "no":

Motivo respuesta No al crédito* Tipo de encuestado

			Empresa	Prof indep	Total
CRED_NO	No correr riesgos	Recuento	0	5	5
		% de CRED_NO	,0%	100,0%	100,0%
		% de Tipo de encuestado	,0%	55,6%	38,5%
	Conforme con situación	Recuento	4	4	8
		% de CRED_NO	50,0%	50,0%	100,0%
		% de Tipo de encuestado	100,0%	44,4%	61,5%
Total		Recuento	4	9	13
		% de CRED_NO	30,8%	69,2%	100,0%
		% de Tipo de encuestado	100,0%	100,0%	100,0%

De los 13 encuestados que respondieron "no", 8 están conformes con su situación (4 empresas y 4 profesionales independientes) y 5 profesionales independientes no quieren correr riesgos.

Con respecto al motivo sobre el cual respondieron "sí":

Inversión de créditos	Tipo de Encuestado			Porcentajes de Servicios			Porcentajes de Tipo de Encuestado		
	Empresa	Prof. Indep.	Total	Empresa	Prof. Indep.	Total	Empresa	Prof. Indep.	Total
Nuevos desarrollos	11	6	17	64,70%	35,30%	100,00%	84,60%	66,70%	77,30%
Actualizac. Equip.	7	4	11	63,60%	36,40%	100,00%	53,80%	44,40%	50,00%
Capac. Personal	10	4	14	100,00%	71,40%	28,60%	76,90%	44,40%	63,60%
Otros	0	1	1	0,00%	100,00%	100,00%	0,00%	11,10%	4,50%

Recursos Humanos

Sobre la capacitación del personal que ingresa:

CAPACITACION RECURSOS HUMANOS * Tipo de encuestado

			Tipo de encuestado	Total
			Empresa	
RHCAPACI	Insuficiente	Recuento	7	7
		% de RHCAPACI	100,0%	100,0%
		% de Tipo de encuestado	41,2%	41,2%
	Suficiente	Recuento	9	9
		% de RHCAPACI	100,0%	100,0%
		% de Tipo de encuestado	52,9%	52,9%
	Óptima	Recuento	1	1
		% de RHCAPACI	100,0%	100,0%
		% de Tipo de encuestado	5,9%	5,9%
Total		Recuento	17	17
		% de RHCAPACI	100,0%	100,0%
		% de Tipo de encuestado	100,0%	100,0%

De las 17 empresas encuestadas, sólo una considera que el nivel de los ingresantes a la misma es óptimo. Del resto, 9 (52,9%) consideran que el nivel es suficiente y 7 (41,2%) consideran que el nivel es insuficiente.

Para las 7 que respondieron que el nivel era insuficiente, las deficiencias más importantes son:

Deficiencias	Empresa	Porcentaje
Conocimientos limitados en programación	6	85,70%
Expresión oral pobre	1	14,3
Expresión escrita pobre	2	28,60%
Conocimientos insuficientes de Inglés	2	28,60%

Sobre la forma en qué realizan la capacitación del personal:

TIPO CAPACITACIÓN * Tipo de encuestado

			Tipo de encuestado Empresa	Total
TIPOCAPA	Interna	Recuento	10	10
		% de TIPOCAPA	100,0%	100,0%
		% de Tipo de encuestado	62,5%	62,5%
	Externa	Recuento	2	2
		% de TIPOCAPA	100,0%	100,0%
		% de Tipo de encuestado	12,5%	12,5%
	Ambas	Recuento	4	4
		% de TIPOCAPA	100,0%	100,0%
		% de Tipo de encuestado	25,0%	25,0%
Total		Recuento	16	16
		% de TIPOCAPA	100,0%	100,0%
		% de Tipo de encuestado	100,0%	100,0%

De las 16 empresas que respondieron, 10 (62,5%) realizan capacitación del personal en la misma empresa, 2 (12,5%) proveen al personal una capacitación externa y 4 (25%) ambas formas. Las 2 empresas que realizan capacitación externa lo hacen en las áreas de Programación y de Base de Datos. Además, el nivel de satisfacción alcanzado fue para una de ellas Muy bueno y para la restante Bueno.

Sobre las necesidades de capacitación detectadas en la empresa:

Necesidades de Capac.	Empresa	%
Programación	14	82,40%
Base de Datos	10	58,80%
Gestión empresarial	5	29,40%
Idioma extranjero	6	35,30%
Otros	1	5,90%

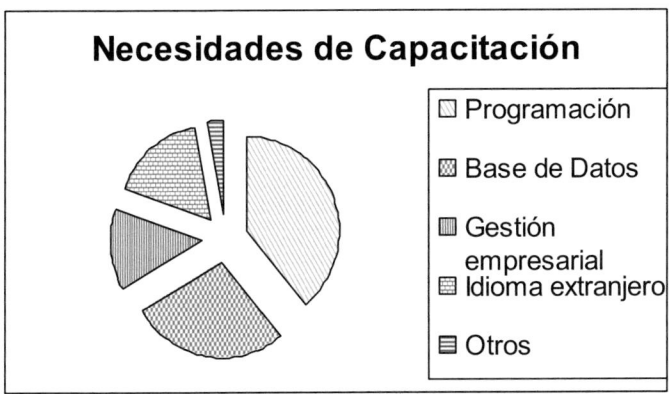

Sobre si el personal capacitado permanece en la empresa:

PERMANENCIA RECURSOS HUMANOS * Tipo de encuestado

			Tipo de encuestado Empresa	Total
RH_PERMA	Sí	Recuento	8	8
		% de RH_PERMA	100,0%	100,0%
		% de Tipo de encuestado	47,1%	47,1%
	Emigran algunos	Recuento	7	7
		% de RH_PERMA	100,0%	100,0%
		% de Tipo de encuestado	41,2%	41,2%
	Emigran muchos	Recuento	2	2
		% de RH_PERMA	100,0%	100,0%
		% de Tipo de encuestado	11,8%	11,8%
Total		Recuento	17	17
		% de RH_PERMA	100,0%	100,0%
		% de Tipo de encuestado	100,0%	100,0%

De las 17 empresas encuestadas, 8 manifiestan que logran retener al personal capacitado, 7 manifiestan que algunos emigran y 2 que emigran muchos.

Sobre las causas por las que emigran:

De las 7 empresas que respondieron que emigran algunos:

Causas	Empresa	%
Buscan trabajo	1	14,30%
Oferta de trabajo	4	57,10%
Trabajo independiente	5	71,40%
Otros	1	14,30%

Las dos empresas que respondieron que emigran muchos, manifestaron que lo hacen para trabajar en forma independiente.

Conclusiones

Se analizaron 37 encuestas y se concluye que:

- La mayoría ha manifestado haber detectado nuevas y diversas demandas. Prácticamente todos (excepto 1) decide enfrentarlas resolviéndolas internamente o tercerizando una parte de ellas.

- Aproximadamente el 50% de las 17 empresas encuestadas considera que el nivel del personal que ingresa a la misma es insuficiente fundamentalmente en el área de programación. También el 50% aproximadamente logra retener el personal capacitado, mientras que el resto manifiesta que emigran algunos y en el caso de 2 empresas que emigran muchos. La mayoría emigra de una empresa para trabajar en forma independiente.

- La mayor parte de las empresas decide enfrentar las necesidades de capacitación en forma interna. Sólo cuando no es posible hacerlo, recurren a una capacitación externa a la empresa.

- Con respecto al sector de mercado que atienden (tanto empresas como profesionales independientes) vemos que son muy variados, pero es importante destacar la preponderancia del sector Administrativo-contable.

- Se destaca también el sector de Salud (clínicas, sanatorios, mutuales, etc.) y el sector agropecuario aunque ambos en una proporción mucho menor.

- Con respecto a los servicios que brindan, podemos concluir que las empresas brindan mayor variedad de servicios mientras que los profesionales independientes están más concentrados en los servicios relacionados con el software que producen.

Bibliografía

BITZER, J., *The computer software industry in East and West: do Eastern European countries need a specific science and technology policy?*, Berlín, Deustches Institut for Wirtschaftsfurschung, 1997.

CEGERA SÁNCHEZ, J., *Metodología de la investigación científica y tecnológica*, Madrid, Ediciones Díaz de Santos, 2004.

COHEN, J. y LEMLEY, M., "Patent scope and innovation the software industry", *California Law Review*, Volumén 89, Nº1, enero de 2001.

DAVID, P. y FORAY, D., "Accessing and Expanding the Science and Technology Knowledge Base", *STI Review*, No.16, 1995.

GALLART, M., "La integración de métodos y la metodología cualitativa. Una reflexión desde la práctica de la investigación", CENEP Buenos Aires, 1992.

HOCH, D., ROEDING, C., PURKERT, G. y LINDNER, S., *Secrets of Software Success. Managements Insights from 100 Software Firms around the world*, Boston, Harvard Business School Press, 1999.

"Informe 2005 – 2006. Situación actual y desafíos futuros de las PyME de software y servicios informáticos", *Agentia. Agencia PyME. Universidad Nacional del Nordeste* [en línea]. Dirección URL: <http://www.agentia.unne.edu.ar/librosypublicaciones_locales.php>

"Instructivo para el registro de la propiedad intelectual del software", *Cessi Argentina, Cámara de empresas de software & servicios informáticos de la República Argentina* [en línea]. Dirección URL: <http://www.cessi.org.ar/documentacion/Instructivo_Registro_de_Propiedad_Intelectual.pdf>

LANZILLOTTA, A., "Definición de informática", *Mastermagazine* [en línea]. Dirección URL: <http://www.mastermagazine.info/termino/5368.php>

"Plan Estratégico de SSI 2004-2014. Foro de software y servicios informáticos. Documento que incluye el Plan Estratégico SSI 2004-2014 y su correspondiente Plan de Acción inicial 2004 – 2007", *Cessi Argentina. Cámara de empresas de software & servicios informáticos de la República Argentina* [en línea]. Dirección URL: http://www.cessi.org.ar/index.htm

PIATTINI VELTHUIS, M. y GARZÁS PARRA, J., *Fábricas de software: experiencias tecnologías y organizaciones*, México, Alfaomega, 2007.

PIATTINI, M., CALVO, J., CERVERA MANZANO, J. y FERNÁNDEZ, L., *Análisis y diseño de aplicaciones informática de gestión. Una perspectiva de Ingeniería del software*, México, Alfaomega, 2004.

PIATTINI, M., GARCÍA, F. y CABALLERO, I., *Calidad de sistemas informáticos*, México, Alfaomega, 2007.

TORRISI, S., *Industrial Organization and Innovation. An International study of the software industry*, Cheltenham, Edward Elgar, 1998.

VOLPENTESTA, J., *Sistemas administrativos y sistemas de información*, Buenos Aires, Osmar D. Buyatti, 2004.

Anexo
Modelo de Encuesta

Proyecto de Investigación: INVESTIGACIÓN SOBRE EL DESARROLLO ACTUAL ALCANZADO POR LAS EMPRESAS DE INFORMÁTICA EN LA CIUDAD DE VILLA MARÍA

CUESTIONARIO N°: ....

Se deja constancia que el presente cuestionario tiene como único objetivo recabar los datos necesarios para el Proyecto de Investigación: "Investigación sobre el desarrollo actual alcanzado por las empresas de informática en la ciudad de Villa María".

DATOS PERSONALES DEL ENTREVISTADO
1. Sexo: M ☐ F ☐
2. Edad: 30 ó Menos ☐ 31-40 ☐ 41-50 ☐ Mas de 50 ☐
3. Estudios: Primario ☐ Secundario ☐ Terciario ☐ Universitario ☐
4. Título Obtenido (*el de mayor grado*): ....
5. Universidad/Instituto donde estudió: .... Año de Egreso: ....
6. Nivel que ocupa en la Organización:
   Directorio ☐ Gerencia ☐ Area comercial ☐ Area de desarrollo software ☐
7. ¿Cuál es su experiencia de software en: *(por favor especifique una para cada categoría)*
   La organización actual......................... [   ] años.
   La experiencia total en software............ [   ] años.

CARACTERÍSTICAS DEL PRODUCTO

El o los productos ofrecidos se ejecutan bajo plataforma:

- Windows
- DOS
- Linux
- Win/Linux
- Otros: ....

Lenguaje de desarrollo:

- Visual Basic ☐
- Clarion Visual ☐
- C ☐
- Clipper ☐
- Visual Fox ☐
- Delphi ☐
- Java ☐
- PHP ☐
- .NET ☐

    Otros: (Especificar)................

Motor de Base de datos:

- MSSQL ☐
- ORACLE ☐
- MYSQL ☐
- ACCESS ☐
- DBASE ☐
- El proporcionado por el propio lenguaje. ☐
- Ninguno ☐
- Otros: ....

La aplicación es:

- Open source
- Desarrollo estándar
- Desarrollo estándar sujeto a parametrización
- Desarrollo a medida

El software que desarrolla está registrado:

- Todo ☐
- Gran parte ☐
- Algo ☐
- Nada ☐

Certifica calidad:

SI ☐   NO ☐

Si la respuesta anterior fue afirmativa:

a) indique nivel y norma.

....

b) ¿Aplica metodología Formal?

- En todos los procesos ☐
- En algunos ☐
- En ninguno ☐

c) ¿Utiliza Software de soporte?

SI ☐   NO ☐

¿Cómo realiza el relevamiento de datos?

En los últimos años, ¿han detectado nuevas demandas de los clientes que podrían implicar modificaciones importantes en el software que desarrollan (lenguaje, plataforma, motor de bases de datos, etc.)?

SI ☐   NO ☐

Si la respuesta es afirmativa, ¿Cómo han enfrentado esas demandas?

- Desarrollo de software en otro lenguaje ☐
- Uso de un nuevo motor de base de datos ☐
- Tercerización del desarrollo de software ☐
- No hacer lugar a la demanda ☐

LOS SERVICIOS

¿Cuáles de los siguientes servicios brinda su empresa?

a) Instalación y asesoramiento de aplicativos ☐
b) Servicios relacionados con Internet ☐
c) Servicio técnico (instalación y mantenimiento de hardware) ☐
d) Instalación y mantenimiento de redes ☐
e) Asesoramiento general ☐
f) Mesa de ayuda ☐
g) No brinda servicios ☐
h) Otros (especificar) ....

EL MERCADO

¿A qué sector están orientados los sistemas desarrollados por su empresa?

....

¿El software desarrollado provee ayuda al usuario?

SI, EN SOPORTE IMPRESO ☐
SI, EN SOPORTE DIGITAL ☐
NO ☐

Mercado que atiende:

Local ☐
Provincial ☐
Nacional ☐
Internacional ☐

¿A través de qué medios sus actuales clientes conocieron la existencia de su empresa?

a) por recomendación de otros clientes o allegados a la empresa ☐
b) por publicidad en distintos medios ☐
c) por la presencia de la empresa en eventos como exposiciones, congresos, etc. ☐
d) otros (especificar) …………………………………..

¿Consideraría necesario ampliar los medios a través de los cuales su empresa es conocida en el medio?

SI ☐   NO ☐

Si su respuesta es afirmativa, ¿cómo lo haría?

a) Página web ☐
b) Folletos ☐
c) Publicidad en distintos medios ☐
d) Otros……………………………..

¿Si tuviera la posibilidad de acceder a créditos blandos y a largo plazo otorgados por el gobierno, los aceptaría?

SI ☐   NO ☐

Si la respuesta anterior es negativa, el motivo es:

a) no quiere correr riesgos ☐
b) está conforme con su situación actual ☐
c) otros (especificar) ………………………………….

LOS RECURSOS HUMANOS

El personal que ingresa en el área de software, está capacitado de manera:

a) INSUFICIENTE ☐   b) SUFICIENTE ☐   c) ÓPTIMA ☐

Si su respuesta es a), ¿cuáles serían las deficiencias más importantes detectadas?

- conocimientos limitados de herramientas de programación ☐
- pobrezas en expresión oral ☐
- pobrezas en expresión escrita ☐
- conocimiento insuficiente de inglés ☐

La capacitación del personal se realiza en forma:

INTERNA ☐   EXTERNA ☐

Si respondió externa, ¿Con qué frecuencia? ………………………..

Las necesidades de capacitación que ha detectado en su empresa, ¿a cuál de estas áreas se vinculan?

SOFTWARE ☐
GESTION EMPRESARIAL ☐
IDIOMA EXTRANJERO ☐
OTROS (Especificar) ☐

El personal capacitado, ¿permanece en la empresa?

a) SI ☐   b) EMIGRAN ALGUNOS ☐   c) EMIGRAN MUCHOS ☐

Si marcó las opciones b) o c), ¿cuáles serían las causas?

a) buscan trabajo en otras empresas del rubro ☐
b) les han ofrecido trabajo en otras empresas del rubro ☐
c) buscan trabajar de manera independiente ☐
d) no conoce las causas ☐
e) otras ¿cuáles? ………………………………

i want morebooks!

Buy your books fast and straightforward online - at one of world's fastest growing online book stores! Free-of-charge shipping and environmentally sound due to Print-on-Demand technologies.

Buy your books online at
www.get-morebooks.com

¡Compre sus libros rápido y directo en internet – en una de las librerías en línea con más crecimiento acelerado en el mundo! Envío sin cargo y producción que protege el medio ambiente a través de las tecnologías de impresión bajo demanda.

Compre sus libros online en
www.morebooks.es

 VDM Verlagsservicegesellschaft mbH
Dudweiler Landstr. 99
D - 66123 Saarbrücken

Telefon: +49 681 3720 174
Telefax: +49 681 3720 1749

info@vdm-vsg.de
www.vdm-vsg.de

Printed by Books on Demand GmbH, Norderstedt / Germany